Aux origines des systèmes juridiques modernes

Thomas Sixte K. Yetohou

Aux origines des systèmes juridiques modernes

2e édition

Préface de Dodzi K. Kokoroko

L'Harmattan

***

5-7, rue de l'École-Polytechnique – 75005 Paris
www.editions-harmattan.fr
ISBN : 978-2-343-24526-3
EAN : 9782343245263

À Mgr Robert SASTRE, de vénérée mémoire ;

À papa Alphonse, mon souvenir,
et à ma chère maman Fidélia ;

À l'oncle André et son épouse Christine ma gratitude.

« Pour les juristes relevant d'un système romano-germanique, l'étude du droit romain s'impose en ce qu'elle permet de comprendre l'évolution des institutions juridiques et de distinguer, dans le droit moderne, l'essentiel et l'accessoire. Les règles évoluent constamment dans leur contenu matériel, mais beaucoup moins dans leur structure et leur mode de fonctionnement. Il existe une méthode juridique, assez stable pour être maîtrisée, qui permet de définir un système. »

– René Robaye, *Le droit romain*, p. 29)

« Lorsque, dans la même personne ou dans le même corps de magistrature, la puissance législative est réunie à la puissance exécutrice, il n'y a point de liberté. »

– Montesquieu

SIGLES ET ABRÉVIATIONS

AA. VV. :	Auteurs variés
BGB :	*Bürgerliches Gezetz Buch*
Cf. :	*Confer*
Éd. :	Édition
J.-C. :	Jésus-Christ
N. B. :	*Nota Bene*
Op. cit. :	*Opus citatum*
p./pp. :	page/pages
PUF :	Presses universitaires de France
UCAO-UUA :	Université catholique de l'Afrique de l'Ouest – Unité universitaire d'Abidjan

SOMMAIRE

PRÉFACE

« Une préface ne doit être qu'un titre plus long », affirmait Johann Paul Friedrich Richter, écrivain allemand. Bien que cette maxime soit d'une orthodoxie partagée et pétrie d'un bon sens qu'il est assez ardu de récuser, j'avoue que les prouesses du doyen Thomas Sixte K. Yetohou gravées dans ces pages ont le mérite de susciter une soif d'envolées discursives qui seraient pourtant, ici, inopportunes. L'appétence scientifique de l'auteur qui s'illustrait déjà en 2016 à travers le choix d'un thème difficile, sujet à une critique épistémique permanente, a trouvé une pleine expression dans cette deuxième édition dont la raison reste identique à la première : « répondre au manque de support pédagogique de synthèse sur l'édification des systèmes juridiques modernes… et permettre aux étudiants de mieux en connaître les origines ». Il n'est pas facile pour l'expert de traiter à l'usage des étudiants la question des survivances du droit romain dans les droits civilistes, encore moins d'établir une continuité historico-juridique entre le droit romain et les institutions juridiques modernes ou contemporaines où le premier est présenté comme l'origine des secondes. Aussi le Doyen envisage-t-il lui-même ce joyau comme une « introduction à une matière immense ».

Il est irréfragable que l'entreprise est risquée, complexe et assortie de hautes exigences scientifiques, en tant qu'elle implique *al minimo* la maîtrise du droit romain, des systèmes juridiques modernes et contemporains, et des catégories heuristiques requises en histoire du droit pour une analyse comparée bien réussie. Le sujet présente ainsi deux problèmes qui fondent par le même fait sa complexité. Il s'agit d'abord du risque de glisser dans une perspective apologétique du droit romain, une espèce de romano-centrisme auquel ont malheureusement succombé plusieurs auteurs, qui décréterait dogmatiquement Rome, Rome royaume-république-empire et nul autre lieu, comme l'exclusif épicentre de la genèse de l'érudition et de la théorisation juridique universelle.

Ensuite, cette posture dont la tentation est permanente dans la romanistique est aussi le facteur idéologique qui oriente les experts vers une méconnaissance « naturelle » et intéressée des éléments objectifs qui ont pourtant caractérisé, du bas Moyen Âge à la fin de l'époque moderne, la « rupture » philosophique, culturelle et épistémique entre le droit romain et les droits des sociétés modernes et contemporaines. Au nombre de ces éléments de rupture : l'amenuisement de l'héritage doctrinal de la renaissance bolognaise ; le déclin généralisé du latin en Europe notamment en France avec l'ordonnance de Villers-Cotterêts de 1539 par lequel le français a été imposé comme langue judiciaire par excellence ; les critiques historiques des humanistes adressées au droit romain, les codifications postrévolutionnaires qui pour la plupart ont équivalu à une abrogation des règles d'origine romaine ; la sécularisation promue par le mouvement illuministe qui s'attaqua aux vestiges et espaces culturels, philosophiques et juridiques de la *canonistica* ; les révolutions scientifiques de la pensée juridique qui, depuis le droit naturel des modernes jusqu'aux théories positivistes de Kelsen et de bien d'autres, ont indubitablement posé les bases des systèmes juridiques et des institutions étatiques modernes ; le mouvement constitutionnaliste dans ses trois âges ; le processus contemporain de la socialisation et de la subjectivisation du droit hérité des Lumières, toutes des catégories juridiques radicalement étrangères au droit romain bien vieux d'au moins mille cinq cents ans.

Enfin on ne saurait évoquer la « rupture » sans citer d'une part la figure féminine sculptée aux Invalides en l'honneur de Napoléon qui déchire les symboles du droit romain et du droit coutumier anté-révolutionnaire ; et d'autre part Léon Gambetta qui, discourant le 4 mai 1877 contre les députés monarchistes et de l'ultramontanisme, n'a pu s'empêcher de scander « Le cléricalisme ? Voilà l'ennemi ».

Voilà donc quelques-unes des évidences massives de cette « rupture » qui, paradoxalement, n'invalident en rien la thèse de l'origine romaine des systèmes juridiques modernes, mais en prouvent la complexité et montrent par là surtout toute la difficulté du travail auquel s'est adonné le doyen Yetohou. Car, ici, il s'agit de mettre en lumière le rôle exceptionnel du droit romain dans la formation et le développement de la pensée juridique moderne sans sombrer dans un messianisme romano-centré, et de mettre en perspective les survivances du droit romain et de ses réverbérations médiévales dans les systèmes juridiques modernes et contemporains, sans nier les évidences de « la rupture ». Peut-être est-il bien plus manifeste maintenant combien seul un expert du droit, féru d'expérience pédagogique et doté d'une forte capacité de synthèse pouvait s'engager dans une telle voie. Et le Doyen a relevé le défi.

En citant Michel Villey qui affirme que : « Ce furent les Romains qui les premiers, à ce qu'il semble, ont eu l'idée de construire le droit sous cette forme fondamentalement nouvelle », et en rappelant l'antériorité du Code de Hammourabi de Babylone (1792 – env. 1750 av. J.-C.) ainsi que le concours de « Toutes les grandes forces du monde antique... à la formation historique du droit romain », l'auteur reconnaît l'existence d'univers juridiques avant Rome, mais met aussi habilement en exergue la contribution unique et exceptionnelle de la tradition romaine à la trajectoire universelle de la pensée juridique. Lorsqu'il cite de nouveau Villey qui cette fois soutient sans aucune équivoque que : « La science du droit romain était la porte indispensable à comprendre les traits spécifiques du droit occidental moderne », et qu'il évoque des mots chers à Fabre-Magnan où ce dernier affirme que : « Le droit est fait de strates et de sédimentations successives. Les couches les plus anciennes demeurent, même si elles sont plus ou moins recouvertes et plus ou moins oubliées. » Le doyen Yetohou reconnaît par prétérition « la rupture » et octroie au droit romain le double statut de fondement ancien du droit moderne et de clé de lecture des systèmes juridiques modernes.

Dans cette démonstration dont je recommande vivement la lecture et l'étude, aucun élément n'a été laissé au hasard. Le doyen Yetohou a bien pris soin de préciser les points de départ (les XII Tables, les Constitutions impériales, les plébiscites, les sénatus-consultes, le droit « prétorien » et les *responsa* des Prudents), les facteurs de relais et de consolidation (le droit canonique), les points d'ancrage (Justinien et ses compilations), les lieux de redécouverte de la doctrine juridique (Bologne et les premières universités européennes du savoir juridique), les acteurs de cette renaissance (juriconsultes, préteurs, glossateurs dont Bartole, Balde, Dumoulin ou Cujas), et les facteurs d'expansion (les codifications, la colonisation, etc.). Tout a vraiment eu droit à une loge dans cette œuvre qui fera date.

À la faveur d'une dextérité rédactionnelle remarquable forgée par des années de recherche, le doyen Yetohou a su concilier les exigences de la transmission pédagogique avec celles d'une critique épistémique qui requiert de l'honnêteté scientifique et un certain relativisme analytique. C'est ce relativisme *giusto e equo* qui confère pleinement à cet ouvrage son statut scientifique et l'élève au rang des manuels qu'il est bienséant de faire lire aux plus jeunes désireux de s'investir dans la recherche juridique. Lorsque l'on aborde ce genre de sujet, il faut savoir faire la juste balance entre ce qui est à Rome et ce qui ne l'est pas. Il faut savoir donner à Rome ce qui est à Rome et à la Raison ce qui est à la Raison. Et ce pari, le doyen Yetohou l'a gagné avec brio.

Dodzi K. KOKOROKO, professeur des universités,
président de l'université de Lomé,
ministre des Enseignements primaire, secondaire
et technique ainsi que de l'Artisanat

AVANT-PROPOS

Je suis heureux de vous présenter la deuxième édition de l'ouvrage *Aux origines des systèmes juridiques modernes.* Cette nouvelle édition a été revue, corrigée et augmentée pour mieux cerner la problématique du droit romain qui est complexe et vaste. En effet, les Romains ont essayé d'aborder tous les secteurs du droit en général et du droit civil en particulier. Cette deuxième édition entend précisément développer plus en profondeur ces institutions juridiques privées dont se servent aujourd'hui les différents États dans le monde de notre temps, institutions que nous avons présentées dans les chapitres deuxième et troisième de cette étude. À cet égard, il faut le redire, l'édifice juridique romain est une source incomparable laissée par ce grand Empire à l'humanité.

Dans le même esprit que la première édition, cette nouvelle mouture de l'ouvrage veut permettre à tous ceux qui s'intéressent à la problématique des systèmes juridiques d'en avoir une approche générale, tout en ayant à l'esprit que le monde est en perpétuelle évolution, et que les systèmes peuvent changer par le fait des circonstances nouvelles du monde. L'exemple de l'Union des républiques socialistes soviétiques, aujourd'hui « Fédération russe » ou « Fédération de la Russie » peut nous éclairer.

Je remercie vivement le professeur Dodzi K. Kokoroko, président de l'université de Lomé, ministre des Enseignements primaire, secondaire, technique et de l'Artisanat (Togo), et le professeur P. Constantin Yatala

Nsomwe Ntambwe, doyen de la faculté de droit civil de l'UCAO/UUA (Abidjan, Côte d'Ivoire) pour leurs contributions et suggestions précieuses. Comment ne pas exprimer ma profonde gratitude aux professeurs P. Francis Barbey (ancien président de l'UCAO-UUT à Lomé) et P. Jean-Élysée Konan Pauquoud (vice-président de l'UCAO-UUA à Abidjan) pour leur sollicitude au cours de l'élaboration de cet ouvrage ; je leur exprime toute ma reconnaissance fraternelle. Enfin, je souhaite que ces pages suscitent le goût de l'étude du droit chez nos étudiants et donnent un avant-goût de l'intérêt pour l'histoire de l'édifice juridique romain et des systèmes juridiques modernes.

INTRODUCTION

Pendant des siècles, les intelligences de l'Occident ont puisé leur philosophie, leur poétique et même leur science dans la culture gréco-romaine. Or la civilisation gréco-romaine n'a pas seulement produit un corps de pensée sur le monde que nous allons chercher dans sa littérature ; mais un droit, c'est-à-dire un art d'organiser la société, les droits de chacun de ses membres et leurs obligations. Ce droit romain, plus servilement encore que la philosophie grecque, nous l'avons adopté[1].

La pensée juridique est donc née sous l'influence de la philosophie grecque et du raisonnement juridique des Romains qui présentaient le droit comme l'art du bien, du bon et du juste, de l'équitable (*Ius est ars boni et aequi)*[2]. Cette affirmation laisse croire que les Grecs et les Romains ont été les premiers à poser les bases du droit comme science. En effet, comme le reconnaissent plusieurs auteurs dont Jean-Louis THIREAU, Rome et Athènes ont été la patrie du droit et de son développement grâce à l'intense activité juridique des Romains surtout dès la fondation de la ville. C'est d'ailleurs ce qui justifie les affirmations suivantes de René ROBAYE :

[1] M. VILLEY, *Le Droit romain. Son actualité,* 10e édition, PUF, Paris 2002, p. 3-4.

[2] Cf. J.-L. THIREAU, *Introduction historique au droit,* éd. Flammarion, Paris, 2001, p. 7.

Le droit romain partage avec le Panthéon deux propriétés qui font sa valeur et lui assurent une forme de pérennité : il faut le découvrir de l'intérieur pour comprendre sa beauté, et cette beauté tient plus à son équilibre interne qu'à sa complexité. Comme le Panthéon réconcilie l'horizontale et la verticale, les juristes romains ont toujours eu le souci de l'équilibre entre la justice et la sécurité, entre la stabilité des règles et leur nécessaire évolution, entre la logique et l'humanité, entre l'abstraction et l'adéquation au problème concret[3].

Ainsi, le droit avait une place importante dans les sociétés depuis l'Antiquité ; c'est ce que les juristes romains exprimaient dans l'adage suivant : *Ubi societas, ibi Ius* (là où il y a la société, il y a le droit).

> Nul ne peut échapper au droit. Celui qui naît se voit déclaré « enfant de » et est ainsi doté d'une filiation, d'un nom, d'un prénom et aussi sans doute d'un domicile et d'une nationalité. Les actes les plus courants (achats de la vie quotidienne, déplacements en transports en commun) se font par la conclusion de contrats, créateurs d'obligations juridiques diverses[4].

En effet, toute forme de regroupement social est liée nécessairement à l'existence et à l'observation de normes qui en réglementent le bon fonctionnement afin de garantir un minimum de justice pour les associés. Les sociétés antiques et médiévales n'ont pas échappé à ce phénomène qui, de nos jours, semble un acquis. Car elles avaient des coutumes orales qui servaient de cadre aux comportements de leurs membres. Avec l'évolution, ces coutumes ont connu une certaine structuration et systématisation dès l'époque médiévale. Ainsi, la problématique du droit telle que nous la posons aujourd'hui, c'est-à-dire le droit comme

---

[3] R. ROBAYE, *Le Droit romain,* 5e éd. Academia-L'Harmattan, Louvain-la-Neuve, 2016, p. 7.

[4] FABRE-MAGNAN, *Introduction au droit,* PUF, Paris, 2010, p. 3.

objet d'une réflexion théorique, a été l'œuvre des Grecs et des Romains. Les fondements de l'édifice juridique remontent donc à l'Antiquité en Grèce et à Rome où s'était développée une activité juridique intense. Et si en droit public, les Grecs étaient les plus remarquables, en droit privé les Romains étaient les meilleurs. Dans ces deux branches fondamentales du droit, l'apport des civilisations grecque et romaine a été remarquable et continue de servir de cadre pour les systèmes juridiques contemporains.

Ainsi, à partir de Rome, une culture juridique est née en Europe et le terme *ius commune* indique aujourd'hui le droit de l'Europe de l'Ouest grâce aux travaux des glossateurs à l'université de Bologne. Il est bien entendu que les différentes cités avaient un droit spécial et des statuts. Mais face à ces droits particuliers, le droit romain assumait la qualité d'un droit commun européen.

Le développement de ce droit commun a été favorisé par la *canonistique*. En effet, l'unité européenne du droit canonique a contribué de façon déterminante à l'unification des bases juridiques étatiques. À la fin de l'Empire romain, l'Église était la seule puissance universelle hiérarchisée et son droit a beaucoup influencé les sociétés. Vers la fin du XIe siècle et surtout au XIIe siècle, la découverte des compilations justiniennes a donné lieu à une connaissance intellectuelle sur le plan juridique. Dans le même temps, l'affirmation de la puissance de l'Église a fait fleurir le droit canonique dans ce contexte d'effervescence intellectuelle. Ainsi, le droit romain et le droit de l'Église sont devenus le droit commun de l'Europe. On les appelle droits savants par opposition au droit coutumier parce qu'ils étaient enseignés dans les Universités. Et nous sommes d'avis avec Michel VILLEY que :

> Nous devons aux Romains l'*existence* d'une théorie du droit. Avant l'époque cicéronienne, il n'existait qu'une pratique juridique. Aujourd'hui « le droit » est, de plus, une

théorie, que l'on apprend dans les manuels ou dans les codes, avant de se lancer dans la pratique. Il est une façon de concevoir le monde, ses personnes, ses choses, sous l'angle juridique, comme les mathématiques et la physique sont une façon de saisir par l'esprit les choses sous un autre angle[5].

C'est dire que les Romains furent les premiers à construire le droit fondamentalement sous cette nouvelle forme.

L'objet de ce cours est la présentation synthétique des origines romaines des systèmes juridiques modernes à ceux qui s'intéressent à la science juridique d'une part, et d'autre part, aux étudiants qui abordent pour la première fois leurs études de droit, des fondements de cette discipline. Dans cette dynamique, l'ouvrage vise surtout à faire saisir aux étudiants l'impact et l'actualité du droit romain et de ses institutions sur les systèmes juridiques modernes. C'est ce qui justifie notre choix méthodologique à savoir l'utilité pédagogique.

Sous ce profil, notre ouvrage comporte deux parties principales. Comme nous le verrons à travers cette étude, le droit romain est une référence incontournable dans la formation des systèmes et institutions juridiques modernes. Aussi convient-il de faire une présentation historique du droit en se référant à ses origines grecque et romaine : les origines grecque et romaine du droit (première partie). Après ce *background* historique, nous étudierons la réception de cet héritage juridique offert par les droits savants, notamment le droit romain, aux systèmes juridiques contemporains : le processus de formation des systèmes juridiques contemporains (deuxième partie).

---

[5] M. VILLEY, *op. cit.*, p. 49.

PREMIÈRE PARTIE

LES ORIGINES GRECQUE ET ROMAINE DU DROIT

CHAPITRE PREMIER
LE CONCEPT DE DROIT ROMAIN, SON ÉVOLUTION ET SON HÉRITAGE DANS L'HISTOIRE

Dans l'Antiquité gréco-romaine, la problématique du droit est intimement liée aux questions relatives à l'organisation de la société. Avec l'évolution, la nécessité de mieux structurer les sociétés en vue d'un meilleur gouvernement s'était fait sentir aussi bien chez les Romains que chez les Grecs. Au niveau des règles qui doivent gouverner les rapports des particuliers entre eux, cette époque a fait également des avancées importantes.

Toutefois, l'héritage juridique romain est considérable, et il serait prétentieux d'en faire une présentation exhaustive dans le cadre de cet ouvrage. Au niveau de ses institutions, nous essayerons de donner une idée de cet héritage en mettant en relief certaines institutions essentielles pour l'étude de la science juridique. Car :

> Le droit est un *système organisé* de valeurs, de principes, d'instruments techniques… qu'expriment les règles précises dont on ne peut négliger ni les fondements ni les manifestations concrètes ou formelles. L'analyse du droit en tant que système, c'est-à-dire comme « un ensemble d'éléments en interaction, constituant une totalité et manifestant une certaine organisation », peut se résumer dans

l'affirmation simple, mais fondamentale qu'en droit, « tout se tient[6] ».

C'est pourquoi, dans le présent chapitre, nous nous en tiendrons à quelques aspects majeurs de cet héritage en vue de donner une idée de la grandeur du droit romain, et pour mieux saisir son impact sur les systèmes juridiques modernes.

Section I – Les grandes lignes de l'histoire de Rome

1 – Les origines et la royauté

« La fondation de Rome repose sur une double légende, celle d'Énée et celle de Romulus[7] » son descendant. Nous nous intéresserons dans ce secteur au second récit légendaire, celui de Romulus et de son frère Remus qui décidèrent de fonder une ville au VIIIe siècle avant notre ère, à l'endroit où ils ont été retrouvés par des bergers. Il y avait en ce temps-là une organisation politique rudimentaire : un roi, un conseil des anciens et une assemblée des hommes libres. Et parmi les quatre premiers rois il y avait un fondateur, un législateur, un guerrier et un bâtisseur[8].

Parmi les droits de l'Antiquité, le droit romain est celui dont on dispose d'une grande connaissance. En effet, c'est le droit qui a influencé l'évolution juridique des époques successives et surtout l'ordonnancement juridique des pays latino-germaniques. Et par le terme droit romain, on se réfère à l'ordonnancement juridique de la Rome antique. Il

[6] J.-L. BERGEL, *Théorie générale du droit,* 5e éd., Dalloz, 2012, p. 9.
[7] R. ROBAYE, *Le Droit romain*, op. cit., p. 15.
[8] *Ibidem,* p. 15-16.

s'agit du droit qui s'est développé depuis la fondation de la ville par Romulus (754 ou 753 avant J.-C.) jusqu'à la mort de l'empereur Justinien[9] (565 après J.-C.). Pour les Romains, le droit ou *Ius* était simplement le droit objectif ou le droit subjectif. Traditionnellement, on distingue trois grandes étapes dans le processus de formation du droit romain. Ces étapes suivent l'évolution politique et institutionnelle de la ville : la royauté, la république et l'empire. Ainsi, nous avons l'ancien droit romain (des origines jusqu'au milieu du IIe siècle avant notre ère), le droit romain classique (du IIe siècle av. J.-C. à l'avènement de Dioclétien en 284 apr. J.-C.) et enfin le droit romain du Bas-Empire[10] (de Dioclétien à la mort de Justinien en 565). En outre, les Romains faisaient deux distinctions fondamentales dans le domaine du droit. Pour Justinien, il y a l'axe du droit public qui concerne l'organisation de l'État, *Publicum ius est quod ad Statum rei romanae spectat* et l'axe du droit privé qui dirige les rapports entre particuliers, *Quod ad singulorum utilitatem spectat.* En effet, comme le reconnaissent encore les juristes de notre temps :

> Tous les systèmes juridiques nationaux, aussi divers soient-ils, tiennent compte, d'une manière ou d'une autre, d'une distinction entre droit public et droit privé. Chaque pays possède une façon bien à lui de la concevoir et de la mettre en œuvre. La manière, dont il s'y prend porte toujours le

[9] Cf. AA. VV., *Istituzioni di Diritto romano,* ed. Simone, Napoli, 1990. Voir aussi V. ARRANGIO-RUIZ, *Istituzioni di Diritto romano,* 14e ed. Jovene, Napoli, 1994, p. 1-2.

[10] Cf. V. ARRANGIO-RUIZ, *Storia del Diritto romano,* 7e ed. Jovene, Napoli 1991, 456.

témoignage « des préjugés, des habitudes, des passions dominantes, de tout ce qui compose le caractère national[11] ».

Jusqu'au début de la République, le droit à Rome était coutumier et c'est en ce temps-là que le *ius civile* a commencé à prendre forme d'une loi écrite, des actes nés de la volonté du peuple réuni en comice. Car la connaissance des coutumes était l'apanage des magistrats, et si le droit romain a acquis cette forme écrite, c'est grâce à la loi des Douze Tables présentée par la tradition romaine comme un épisode de la lutte entre les Patriciens et les Plébéiens. La loi des Douze Tables n'est pas un code, elle donne le comportement à tenir dans des cas précis. Elle édicte des sanctions, se préoccupe des terres, des relations de voisinage et des rapports familiaux. Malgré les traces de l'influence religieuse qui persistent encore au niveau de la loi des Douze Tables, ses normes n'en demeurent pas moins laïques par rapport aux coutumes qui étaient sous la dépendance du *Fas* c'est-à-dire les normes qui traduisaient les volontés divines. Cependant, l'ancien droit est resté marqué par l'archaïsme et demeure encore très éloigné du droit moderne tant par son formalisme que par son caractère patriarcal.

Ainsi :

Sous la royauté, les structures sociales de Rome se mettent en place. La population s'organise en *gentes,* en clan se réclamant d'un même ancêtre. La structure de base est la famille élargie, placée sous l'autorité d'un *paterfamilias,* propriétaire du patrimoine familial et seul détenteur de la plénitude des droits civils et politiques. Le Sénat, qui contrôle

---

[11] E. ZOLLER, *Introduction au droit public,* Dalloz, 2e édition, Paris, 2013, p. 1 ; cf. A. de TOCQUEVILLE, *De la démocratie en Amérique,* I, I, II, in *Œuvres,* II, Gallimard, Bibliothèque de la Pléiade, p. 30.

le roi, chef religieux, militaire et politique de la cité, est composé de l'ensemble des *paterfamilias*[12].

2 – La République

De l'an 506 av. J.-C. à l'an 26 ap. J.-C, Rome a connu un régime républicain qui consolide les droits du citoyen et équilibre les pouvoirs. À Rome comme dans les cités grecques, trois organes président au gouvernement de la république et des cités. Il s'agit du conseil aristocratique ou le Sénat, des assemblées populaires (les comices à Rome et l'*ecclesia* à Athènes) et des magistratures :

– Le conseil aristocratique ou Sénat est le cercle des chefs des grandes familles du Patriciat. Il choisissait les consuls, mais vers la fin de la République, il gardera seulement une autorité morale. À la fin du IVe siècle, ce conseil n'est plus composé uniquement de Patriciens, mais également de l'élite de la Plèbe.

– En ce qui concerne les assemblées populaires, notons que c'est le rassemblement du peuple tout entier, même si à Rome certaines ne rassemblent que les citoyens d'origine plébéienne. C'est dire que toutes les assemblées ne réunissent pas les Patriciens et les Plébéiens. Cependant, qu'elles soient de type grec ou romain, les assemblées sont chargées de voter les lois et de choisir les magistrats.

– Les magistratures forment le troisième organe de la Constitution romaine et grecque. Les magistrats sont chargés de gouverner les cités.

Cette organisation a permis de bien régler la République romaine qui, de façon constante, est caractérisée par une conquête de l'espace qui procurera à Rome de grandes

---

[12] R. ROBAYE, *op. cit.*, p. 16.

richesses. Ceci va modifier profondément le paysage économique et social de la cité où « l'austérité, l'attachement à la terre et la solidarité familiale font place à la recherche de luxe, à la spéculation financière et à l'individualisme ». Mais la répartition des richesses étant inégale, des difficultés vont surgir et provoquer des troubles sociaux[13]. Notons alors que :

> Ces institutions ne font pas de la République romaine une démocratie au sens moderne du terme, car le pouvoir, à travers le Sénat comme les magistratures, est aux mains d'une minorité, une classe dirigeante, les patriciens. Cicéron par exemple, reconnaît et légitime cette réalité, lorsqu'il se déclare opposé tant à l'absolutisme royal qu'au pouvoir du peuple. Il faudrait donc plutôt parler d'oligarchie et le Sénat, par son caractère aristocratique, en est le miroir[14].

Les institutions républicaines ont été les facteurs de réduction de l'absolutisme royal en consacrant la *libertas* par la reconnaissance et la protection des droits civils et politiques des citoyens qui peuvent ainsi exiger le respect des lois qui leur garantissent cette liberté.

3 – L'Empire

Toute la structure institutionnelle de Rome connaîtra une transformation sous l'Empire où l'autorité suprême sera détenue par un seul homme, l'Empereur :

> En 27 avant notre ère, le Sénat donne à Octave le titre d'*Auguste.* Un nouveau régime politique est né, c'est le Principat, qui, pour les historiens modernes, marque le début de l'Empire. Auguste… devient le premier empereur, même si officiellement, il n'est que le *Princeps* le premier d'entre

[13] *Ibidem*, p. 17-19.
[14] R. ROBAYE, op. *cit.*, p. 17-18.

les citoyens, défenseur et garant des institutions républicaines[15].

Par ses institutions, la professionnalisation de l'administration impériale, la centralisation et la hiérarchisation, l'Empire romain peut être considéré comme le modèle des États souverains et administratifs.

4 – Le Bas-Empire et l'Empire d'Orient

L'Empire romain avait deux branches : l'Empire d'Occident, dont Rome était la capitale jusqu'en 476, et l'Empire d'Orient ou Empire byzantin qui, ayant pour capitale Constantinople, est devenu aujourd'hui Istanbul (Turquie actuelle), et dont la fin était advenue avec la mort de Justinien en 565. Elle fut conquise en 330 par Constantin qui en fit la nouvelle capitale de l'Empire. Et ce n'est qu'à la fin du IVe siècle que l'Empire fut divisé en deux parties jusqu'à la fin du Ve siècle où les deux parties du monde furent définitivement consommées. La chute de l'Empire romain d'Orient est advenue en 1453. L'empereur Justinien est le dernier empereur oriental à utiliser le latin comme langue officielle au cours de son règne de 527 à 565. Si dans les domaines politique et militaire son œuvre fut un échec, dans le domaine juridique il est parvenu à doter son Empire d'un *Codex Iuris Civilis* qui continue de servir de base aux systèmes juridiques de notre époque. C'est une œuvre qui est « à la fois un moyen d'accroître son prestige, en se présentant comme le continuateur des traditions romaines, et un moyen d'administrer plus facilement et plus efficacement l'Empire[16] ».

---

[15] *Ibidem,* p. 19.
[16] *Ibidem,* p. 23.

Section II – Brève histoire du droit romain

Comme toute histoire humaine, le droit romain aussi a ses débuts. Ainsi : « Le droit est fait de strates et de sédimentations successives. Les couches les plus anciennes demeurent, même si elles sont plus ou moins recouvertes et plus ou moins oubliées[17] ».

1 – Le droit ancien

« Les textes juridiques les plus anciens ont été retrouvés en Mésopotamie. Le plus célèbre et le plus complet est le *Code de Hammourabi*, du nom du sixième roi de Babylone (1792 – env. 1750 av. J.-C.). Ce Code, gravé sur une stèle, est conservé au Musée du Louvre[18] ». Ainsi, l'ancien droit romain correspond du point de vue politique au temps monarchique et au début de la République et couvre six siècles. Rome n'est à l'origine qu'une cité au sein de laquelle les relations juridiques sont peu nombreuses. Son droit fortement marqué par le divin laisse une large part à la coutume. Mais l'évolution politique influencée par les revendications de la Plèbe qui entend participer à la chose publique conduit à une laïcisation du droit. Un autre facteur d'évolution fut l'expansion géographique. Entrée au contact de peuples différents par sa politique de conquête, Rome doit adapter son droit.

---

[17] M. FABRE-MAGNAN, *Introduction au droit,* PUF, 1re édition, Paris, 2010, p. 23.
[18] *Ibidem, op. cit.,* p. 23.

1.1- Les caractères du droit romain primitif

Rome n'est à l'origine qu'une cité où le droit et les institutions juridiques sont à l'état rudimentaire. Les règles de droit peu nombreuses correspondent à une société archaïque où les relations juridiques sont peu développées.

– Un droit religieux

Le droit, durant la période royale et encore au début de la République, ne se dissociait pas de la religion. Il était lié à la volonté des dieux. Ce droit divin appelé *Fas* est sanctionné par la colère des dieux ou par une peine religieuse. La distinction avec le *Ius* (droit des hommes) ne sera faite que progressivement. Ce sont les prêtres, les rois et les pontifes membres de l'aristocratie qui détiennent la connaissance de ce droit et en conservent le secret. Ils sont à la fois juges et législateurs. Eux seuls peuvent fixer le calendrier judiciaire et déterminer les jours *fastes*, les jours heureux où la justice peut être rendue.

– Un droit formaliste

En raison du caractère sacré du droit, les actes juridiques, ainsi que la procédure, sont soumis à un rite qui rappelle les cérémonies religieuses. À défaut d'écrit, les paroles prononcées et les gestes accomplis doivent marquer les mémoires.

– Un droit limité

Les procès ne peuvent être intentés que dans les cas permis par la loi. À chacun de ces cas correspondent des formules orales créées par les pontifes. Par conséquent, les prétentions du demandeur doivent concorder précisément avec les cas types protégés par une action en justice. Dans cette hypothèse, les pontifes lui délivreront une formule qu'il devra prononcer correctement à haute voix devant le juge à peine de nullité.

– Un droit coutumier

Dans une société de droit archaïque, la principale source de droit est la coutume, c'est-à-dire un ensemble d'usages répétés dans le temps et admis par tous comme ayant valeur obligatoire. Dans la Rome primitive, la coutume règle principalement les questions familiales ou certains rapports entre personnes de familles différentes. Étant donné le caractère archaïque de la société, les relations économiques sont insignifiantes. Ce peuple de paysans avait comme préoccupation les questions relatives à la possession et à la disposition des terres.

1.2- La laïcisation du droit : la Loi des Douze Tables

La rédaction de la Loi est un des succès politiques remportés par la Plèbe sur le Patriciat. Cette revendication, qui remonte à l'an 462, devait désormais permettre au peuple de connaître la Loi et surtout d'en réclamer l'application. Jusqu'alors en effet, le consul investi du pouvoir de juger ou de *dire le droit* décidait souverainement d'accorder ou non un procès.

Après s'être fermement opposé à créer un droit accessible à tous, le Patriciat dut céder. Il confia à une commission de dix membres, les *decemvirs,* la tâche de mettre par écrit l'ensemble du droit. Entre 451 et 450 avant J.-C., ces dispositions furent affichées au forum sur Douze Tables. Chacun pouvait alors en prendre connaissance. Ces Tables ont été détruites, mais leur autorité était telle qu'elles ont subsisté dans les mémoires. Aujourd'hui encore, certaines de ces dispositions sont connues grâce au commentaire des juristes romains. Ces dispositions semblent indiquer que la Loi des XII Tables n'est pas un code posant des principes généraux, mais un ensemble de mesures destinées à résoudre des cas concrets. Le droit romain restera caractérisé par un aspect pratique ou utile. La Loi des XII Tables accordait une action en justice (une procédure assortie d'une formule) pour chacun des droits protégés par elle. Là encore, le droit est limité par la Loi, mais le magistrat ne peut plus refuser d'ouvrir le procès si l'action était prévue. Ainsi :

> L'Antiquité a surtout vu apparaître le *droit romain*, socle de notre culture occidentale. On peut faire commencer celui-ci dès la fameuse Loi des Douze Tables (*Lex Duodecim Tabularum*), premier corpus de lois écrites, que l'on date aux alentours de 450 avant Jésus-Christ. Ce texte contient de nombreuses règles de procédure, de droit de la famille, de droit des biens, ou de droit pénal[19].

1.3- La loi et les plébiscites

La loi est votée par les citoyens réunis en comice. Mais leur participation à l'activité législative est restreinte. Le rôle déterminant appartient en réalité aux magistrats supérieurs qui ont l'initiative des lois et au Sénat qui seul peut, par sénatus-consulte, attribuer force exécutoire aux lois votées. Les comices n'ont pas le droit d'amendement. Ils acceptent ou rejettent le projet de loi. Mais en 339, l'intervention du Sénat est inversée et son approbation précède le vote. Ce déplacement d'autorité est en faveur du peuple qui, désormais, transforme les sénatus-consultes en Loi par son vote final.

Quant aux plébiscites, ils avaient à l'origine une portée bien plus limitée que la Loi. Adoptés par le concile de la Plèbe, ils se présentaient surtout comme un vœu de réforme et n'avaient de valeur normative que lorsqu'ils étaient

---

[19] M. FABRE-MAGNAN, *op. cit.*, p. 24.

sanctionnés par un sénatus-consulte. En 286, les plébiscites sont assimilés à des lois. Ils sont donc soumis à la même procédure d'adoption et ont la même force. Seule leur origine diffère puisqu'ils sont proposés par les tribuns de la Plèbe. Ils deviendront au IIIe siècle la principale source législative.

2 – Le droit classique et le droit postclassique

2.1- Le droit classique

La politique de conquête menée par Rome devait être une source d'évolution du droit. À l'origine, le droit des citoyens romains, appelé droit des *Quirites* ou droit civil, s'oppose au droit des étrangers et ne peut leur être appliqué. Mais ce droit doit s'adapter aux transformations de la société engendrées par l'expansion de Rome et la confrontation des peuples aux usages et aux mœurs bien différents. L'artisan de cette évolution du droit romain est le *préteur* dont le droit est venu combler certaines lacunes du droit civil et le trop grand formalisme des actions de la Loi. Les préteurs, magistrats chargés de réglementer l'exercice de la justice, ont un rôle prépondérant dans la formation du droit privé. Ils ne jugent pas, mais leur rôle s'arrête à l'organisation des conditions du procès. « L'évolution du droit romain classique est liée en grande partie à l'activité des magistrats, et avant tout du préteur, dans les directives qu'il donnait aux juges, auxquels était confiée la solution des conflits en matière de droits[20] ». L'action des préteurs urbains (*praetor urbanus)*, chargés des litiges entre citoyens romains, est renforcée en 242

[20] A. GAUTHIER, *Le Droit romain et son apport à l'édification du droit canonique,* Université Saint-Paul, Ottawa, 1996.

avant notre ère par l'action des préteurs pérégrins (*praetor peregrinus*) pour les procès opposant les Romains aux Étrangers ou les Étrangers entre eux. Dans les provinces, ce rôle est rempli par les gouverneurs munis de pleins pouvoirs. Le droit prétorien est encore appelé *Ius honorarium* ou droit honoraire, parce qu'il résulte des interventions de magistrats revêtus d'un *honor* ou reconnaissance publique.

Cette période constitue :

> L'âge d'or du système juridique romain, qui commence traditionnellement en 150 avant notre ère, pour deux raisons. C'est l'époque où apparaissent les premiers juristes professionnels, qui feront du droit romain un ensemble cohérent et rationnel. De plus, une nouvelle procédure judiciaire se met en place : la *procédure formulaire,* qui permet le développement de nouvelles règles de droit, élaborées par le magistrat[21].

Au milieu du IIe siècle avant J.-C., la loi *Aebutia* imposa cette procédure formulaire qui est une instruction écrite dans laquelle le préteur indique l'objet du litige et désigne le juge. Avec cette procédure, les aspects rituels ou magiques sont abandonnés et les tribunaux s'ouvrent aux pérégrins :

> C'est encore, essentiellement, un droit pratique : le but des juristes romains n'est pas de pousser plus avant les spéculations des philosophes grecs. Il est de mettre en œuvre (ce que les Grecs n'avaient guère fait) ces principes idéaux d'équité et de bonne organisation sociale. Il est de maintenir en fait l'ordre et la paix dans la cité romaine ; et au-delà dans le monde romain. En fin de compte, il est d'aménager une

[21] R. ROBAYE, *op. cit.,* p. 25.

procédure qui fonctionne effectivement d'une manière utile et équitable[22].

Mais cette liberté dont disposaient les préteurs s'accordait mal avec le régime impérial. Près d'un siècle et demi après l'avènement d'Auguste vers 120, la jurisprudence et la législation impériale ont désormais une place influente et l'édit ne permet plus de faire évoluer le droit. L'empereur Hadrien décide de fixer définitivement la teneur de l'édit dans un texte officiel que les préteurs devront appliquer. Ces dispositions sont réunies dans un livre et portent le nom d'*édit perpétuel.* Le droit du préteur a été un facteur de progrès dans l'histoire du droit romain. Les innovations du droit prétorien sont encore aujourd'hui d'une grande importance pour les systèmes juridiques modernes. Notons par exemple que dans le domaine des contrats, le droit prétorien a fait prévaloir la volonté sur les formes ; le formalisme a fait place au consensualisme. Au niveau du droit familial, les transformations ont été profondes : le pouvoir du paterfamilias s'est amoindri. Les structures de parenté ont connu des transformations en favorisant l'essor du testament au niveau de l'ordre successoral. C'est également le préteur qui a introduit la notion de possession dans le domaine du droit patrimonial. Dans tous ces domaines, le préteur a été facteur de progrès de la science juridique.

2.2- Les autres sources du droit

Selon le juriste Gaius, les sources du droit pour le peuple romain sont les lois, les plébiscites, les sénatus-consultes, les constitutions des empereurs, les édits de ceux qui ont le droit d'en émettre (les préteurs) et les réponses des prudents (jurisconsultes). Mais dès le milieu du IIe siècle avant J.-C.,

---

[22] M. VILLEY, *op. cit.,* p. 24.

l'édit du préteur domine la création du droit privé. Et avec l'avènement de l'Empire, son autorité se trouve diminuée. Deux sources détenues par l'Empereur prennent une importance considérable : la jurisprudence et les constitutions impériales.

– La jurisprudence ou la science du droit

Le terme jurisprudence ne désigne pas l'ensemble des décisions rendues par les tribunaux, mais la science des prudents « *iuris prudens,* c'est-à-dire celui qui est compétent en droit ou *iuris peritus,* celui *qui est habile en droit »,* nourrie par la réflexion des jurisconsultes qui connaissent et enseignent le droit. En effet :

> Le *jus civile* au sens propre, dit un texte de Pomponius (D, I. II. 2. 12), n'est pas constitué par des lois ou des formules de procédure, mais par l'œuvre des *jurisprudents.* L'originalité de Rome est de disposer au service de l'appareil judiciaire (ce que n'avaient pas les cités grecques) d'une classe de jurisconsultes. Gens de l'élite, dont l'avis fait autorité, plus tard nantis par les empereurs d'une *auctoritas* officielle, ils guident les plaideurs, donnent aux juges et aux magistrats des *responsa*, c'est-à-dire des consultations[23].

Ainsi, la *jurisprudentia* ou la jurisprudence est la science du droit, laquelle permet aux juristes par le principe de l'interprétation de contribuer à la création du droit. Sans elle, le droit romain serait resté une pratique contenue dans un ensemble de formules et n'aurait pu être adapté aux nécessités du Moyen Âge. Les prudents ont deux types d'activité :

---

[23] M. VILLEY, *op. cit.,* p. 37. Parmi les juristes consultes les plus célèbres, nous avons à la fin de la République Quintus Mucius Scaevola, Servius Sulpicius, Labéon, Sabinus, Celse, Julien ; au IIIe siècle de notre ère, nous avons Ulpien, Paul ou Papinien.

– Ils font œuvre de doctrine et ont un pouvoir créateur du droit en commentant l'édit du préteur, en interprétant les lois, en précisant leur domaine d'application et en développant leur nouvelle forme d'action.

– Ils délivrent des consultations aux plaideurs, aux juges et aux magistrats. Leur opinion n'a à l'origine qu'une valeur privée dont l'importance est liée au renom du jurisconsulte. Ils sont, comme on peut le lire sous la plume de Claire LOVISI, l'épine dorsale du droit romain classique.

– Les sénatus-consultes

Le Sénat est une institution essentielle sous la République, car il légifère et prend des mesures d'ordre général. Mais il est soumis à l'autorité impériale et exprime en réalité la volonté de l'empereur. Ce sont les textes qu'il vote qui portent le nom de sénatus-consultes.

– La législation impériale

Avec l'instauration de l'Empire, la législation impériale s'impose progressivement. Les lois deviennent rares, la coutume est en déclin, l'œuvre de création des prudents est désormais au service de la doctrine officielle et l'édit du préteur a perdu sa fonction créatrice du droit. Ces différentes sources ont disparu pour faire place aux constitutions impériales. À Rome, le terme constitution désigne non pas la Loi fondamentale de l'État, mais un texte normatif qui émane de l'Empereur. Les constitutions impériales revêtent quatre formes :

Les *édits* qui sont des règlements généraux relevant le plus fréquemment de l'ordre politique ou administratif.

Les *mandats* sont des ordres donnés par l'empereur aux hauts fonctionnaires ou gouverneurs de provinces.

Les *rescrits* sont les réponses faites à des questions juridiques posées par les particuliers, les fonctionnaires ou les juges.

Les *décrets* sont des décisions judiciaires prises par l'Empereur ou le conseil impérial dans une affaire particulière. Ils participent à la formation de la loi lorsqu'ils tranchent une controverse ou lorsqu'ils tempèrent les règles légales par souci d'équité.

La prépondérance de l'Empereur dans le domaine législatif, conséquence de la monarchie absolue qui s'est instaurée, est résumée par cette maxime célèbre du juriste Ulpien en ces termes : « *Quod principi placuit legis habet vigorem :* ce qui a plu au prince ou ce qu'il a estimé bon a force de loi[24] ». On assiste à un absolutisme impérial consolidé de façon définitive avec Dioclétien et Constantin ; l'empereur est l'unique source vive du droit. On en est arrivé à identifier la Loi avec l'empereur, qui est désormais défini comme *lex animata* c'est-à-dire loi vivante[25].

2.3- Le droit postclassique

Cette période du droit romain coïncide pratiquement avec le Bas-Empire. Il est dominé par le centralisme politique, le pouvoir absolu et l'avènement du christianisme :

> Le droit postclassique est caractérisé par la concentration du pouvoir législatif dans les mains de l'empereur, par la fin du rôle créateur reconnu au préteur en droit classique et par l'influence du christianisme, notamment dans le droit des personnes. La science juridique elle-même perd toute

[24] Cf. *Digeste,* I.4.1 ; voir aussi *Les Institutions de Justinien,* 1, 2.6.
[25] Cf. A. SCHIAVONE (*a cura di*), *op. cit.,* p. 223.

créativité. Puisque l'on doit, partout, appliquer docilement la législation impériale, il n'est plus nécessaire d'en faire une interprétation détaillée[26].

Et pour éviter les divergences juridiques, les Empereurs eux-mêmes interviennent pour indiquer les juristes appréciés dont les travaux font autorité.

3 – L'Empereur Justinien et le *Corpus Iuris Civilis* (CIC)

L'empereur Justinien, né en 482, a régné de 527 à 565. Durant son règne comme empereur d'Orient, il entreprend de conquérir l'Occident afin de reconstituer l'unité des peuples en les soumettant au même droit. Il confie à l'un de ses plus hauts fonctionnaires, Tribonien, surnommé *le Magnifique,* le soin de diriger la commission de codification. Celle-ci ne se limitait plus aux constitutions impériales, mais s'étendait à la doctrine, c'est-à-dire à la jurisprudence classique. Quatre recueils virent le jour de 529 à 534 :

Le *Codex,* qui recueille les *Leges.* C'est un recueil des décisions impériales les plus importantes appelées Constitutions qui renferment les réponses aux questions posées à l'Empereur. Il comporte 12 livres en hommage à la Loi des XII Tables.

Le *Digeste,* qui est le recueil de la jurisprudence, c'est-à-dire le recueil de l'opinion des jurisconsultes les plus célèbres. Il est encore appelé le *Pandecte* en Grec (les compilations). C'est « une encyclopédie formée de milliers d'extraits des jurisconsultes les plus célèbres depuis le début de l'Empire (notamment Gaius, Ulpien, Paul et Papinien[27]) ». L'empereur Justinien a même déclaré que les

---

[26] R. ROBAYE, *op. cit.,* p. 26.
[27] M. FABRE-MAGNAN, *op. cit.,* p. 24.

passages des œuvres des juristes qui composent le Digeste ont la valeur des Constitutions impériales. C'est pourquoi il les dénomme *leges nostrae,* nos lois.

Les *Institutes,* qui rassemblent les définitions et les classifications du droit. Il s'agit d'un court manuel d'enseignement du *Code* et du *Digeste* destiné à la jeunesse (aux étudiants) désireuse de connaître les lois[28].

Les *Novelles,* qui comprennent les constitutions de Justinien promulguées après la parution du *Code*.

L'ensemble de ces recueils forme le *Corpus Iuris Civilis,* le Corps de droit civil. Ce n'est pas une œuvre de conservation de la culture juridique romaine, mais une œuvre pratique destinée à fixer le droit applicable. C'est pourquoi l'on pense souvent que le droit romain est un droit doctrinal et abstrait, un système juridique qui en réalité n'est qu'un droit tardif. Mais :

> Le droit romain des premiers siècles avant Jésus-Christ était au contraire un droit processuel et casuistique, très proche en fait de la *Common law.* En particulier, la procédure était primordiale et un droit ne pouvait être reconnu que s'il existait une action pour le faire valoir [...] Il était de même profondément casuistique : il n'existait pas par exemple de principe général de responsabilité ni de notion théorique et abstraite de contrat, mais uniquement des délits particuliers dans lesquels il fallait faire entrer son action[29].

Promulgué après la chute de l'Empire d'Occident en 476, le *Corpus Iuris Cvilis* ne fut découvert que vers la fin du XIe siècle au moment de la grande renaissance du droit romain, mais son succès a été définitif. Il est resté le seul droit romain enseigné et appliqué en Europe durant de nombreux siècles. À notre époque, il marque encore de son

---

[28] Cf. M. FABRE-MAGNAN, *op. cit.,* p. 24.

[29] *Ibidem*, *op. cit.,* p. 24-25.

empreinte les différentes législations. C'est l'un des grands monuments de l'édifice juridique romain.

Section III – Les multiples sens du mot *droit*

Le juriste René ROBAYE observe que :

> Selon le contexte dans lequel il est utilisé, le mot « droit » – *ius* en latin – peut revêtir une des quatre significations suivantes : un idéal supérieur d'ordre philosophique, un ensemble de règles en vigueur dans une société donnée, la discipline intellectuelle qui étudie ces règles, ou un pouvoir reconnu à un individu[30].

1 – Le droit comme valeur morale

Chez les Romains, le droit peut être considéré comme un idéal, comme une finalité de l'agir humain, un ensemble de valeurs qui s'impose à toute autorité, alors on parle de *droit naturel ou ratio naturalis.* Gaius pense que c'est une source universelle qui s'impose à tous et Celse relève que le droit est *ars boni et aequi, «* l'art du bon et du juste ». Cela ne veut pas dire qu'ils identifient l'ordre juridique à l'ordre moral. En effet, « le droit n'est pas synonyme de justice et tout ce qui est juridiquement permis n'est pas pour autant moralement correct[31] ». Nous pouvons donner en exemple l'esclavage qui est une institution contre nature, *contra naturam.* Malgré cela, l'humanité a connu des époques d'esclavage qui malheureusement persiste en ce XXIe siècle sous d'autres formes.

---

[30] R. ROBAYE, *op. cit.,* p. 30.
[31] *Ibidem,* p. 30.

2 – Le droit positif

Le droit positif est l'ensemble des règles qui sont en vigueur dans une société donnée à une époque donnée. Il faut reconnaître que les Romains avaient réparti le droit dans son ensemble en trois grands secteurs : le *ius naturale* ou droit naturel, le *ius gentium* ou droit des gens et le *ius civile* ou droit civil. À partir de là, Ulpien opère une merveilleuse classification. Selon lui, le droit naturel réside dans ce que la nature enseigne à tout être animé à partir de la nature elle-même ; le droit des gens est celui dont usent tous les peuples et le droit civil n'est pas radicalement différent du droit naturel et du droit des gens, c'est le droit de la cité qui est le droit public et le droit privé. Et comme le dit Gaius, « le droit que chaque peuple s'est donné à lui-même, qui lui est propre et s'appelle droit civil, ce qui signifie droit propre à la cité[32] ».

En 212 de notre ère, la citoyenneté romaine est accordée à tous les habitants de l'Empire, ainsi il n'y avait plus de différence significative entre le *ius* civile et le *ius gentium*.

3 – La science du droit

Nous convenons avec René ROBAYE que :

> S'il est une pratique, le droit, comme la médecine, est également une science ou une discipline intellectuelle, qui fait l'objet d'un enseignement et utilise des méthodes rationnelles. Il revient aux juristes romains d'avoir élaboré une véritable science du droit, avec ses méthodes et ses objectifs spécifiques, et d'en avoir fait l'objet d'un enseignement spécifique. Une des parties de la codification de Justinien, les *Institutes,* dont nous avons parlé plus haut,

[32] *Ibidem,* p. 31.

est un manuel d'enseignement auquel l'empereur attachait beaucoup d'importance[33].

De ces lignes ci-dessus, il est permis de dire que le droit est une science et l'on peut alors parler de la science du droit.

4 – Les droits subjectifs et les droits objectifs

> Le mot « droit » ne peut être ici exclusivement entendu ni, dans la perspective des moralistes, philosophes ou théologiens, comme synonyme de justice ni au sens purement formel des règles de droit positif. Certes, aucune de ces acceptions ne peut être négligée ; mais c'est surtout en tant que discipline normative destinée à l'édiction de règles de conduite et à l'organisation des rapports sociaux que le droit sera envisagé[34].

Car, les règles sont émises pour des individus et pour des sociétés capables de les recevoir. Et dans la culture juridique, les juristes parlent des droits subjectifs et des droits objectifs. Mais lorsqu'on parle de droits subjectifs, « on entend par là des prérogatives, des facultés, des pouvoirs reconnus à un individu, lui permettant d'avoir un comportement déterminé ou d'exiger d'autrui un comportement déterminé[35] ». C'est dire que les droits subjectifs sont nombreux et variés :

> En dépit de l'identité des termes utilisés, on ne saurait confondre le droit objectif et les prérogatives reconnues aux individus ou aux groupes d'individus, c'est-à-dire les *droits subjectifs* que le droit objectif consacre au profit des personnes juridiques et qui leur confèrent des pouvoirs sur des

---

[33] R. ROBAYE, *op. cit.,* p. 32.

[34] J.-L. BERGEL, *Théorie générale du droit,* 5e édition Dalloz, Paris, 2012, p. 2.

[35] R. ROBAYE, *op. cit.,* p. 32.

biens ou envers autrui. Les droits subjectifs correspondent à l'un des concepts principaux de la construction juridique, en Europe continentale particulièrement[36].

Et en droit romain, chaque droit subjectif est protégé, en cas d'infraction, par une action en justice. La personne se voit reconnaître des droits subjectifs en fonction de son statut familial et social.

Par contre, du point de vue de l'objet de la théorie générale du droit :

> Le *droit objectif* est l'ensemble des règles régissant la vie en société et dont le respect est garanti par la puissance publique. On a souvent tendance à l'identifier au droit positif, c'est-à-dire à l'ensemble des règles juridiques en vigueur à un moment donné dans une société donnée. Mais [...] il ne peut se dissocier de phénomènes plus larges, ni être isolé de ses sources ou de son contexte. Il dépend de l'histoire, de l'environnement humain, social, économique... de choix idéologiques[37].

Ainsi, il n'est pas possible de parler de droits subjectifs et d'ignorer l'existence des droits objectifs qui permettent aux sociétés d'évoluer dans de bonnes conditions. Car, de façon formelle, nous pouvons dire à la suite de Jean-Louis BERGEL que :

> Le droit objectif est généralement défini comme l'ensemble des règles de conduite qui régissent les rapports susceptibles de s'établir dans une société plus ou moins organisée. Les normes juridiques correspondent toujours à des *prescriptions* destinées à ordonner des *relations sociales* en *imposant des comportements* déterminés dont *le respect*

---

[36] J.-L. BERGEL, *op. cit.*, p. 2.
[37] *Ibidem, op. cit.*, p. 2.

est, plus ou moins selon les cas, du fait du développement contemporain du *soft law,* assuré par *l'autorité publique*[38].

Section IV – Les sources du droit

La question des sources du droit est une question classique pour les juristes. Elle consiste à déterminer quelles sont les autorités habilitées à créer du droit. Les sources du droit sont donc les lieux où il faut aller puiser lorsque l'on cherche les réponses à une question de droit[39].

Les règles de droit ont donc leur histoire et leurs sources. Nous avons les sources documentaires, encore appelées sources historiques ; ensuite, nous avons les sources matérielles, qui concernent les matières traitées ; enfin, les sources formelles, ici il s'agit des procédés par lesquels une règle a force de loi. Mais en droit romain, le juriste Gaius énumère les sources suivantes :

> Les droits du peuple romain proviennent des lois, des plébiscites, des sénatus-consultes, des constitutions impériales, des édits (des magistrats) et des opinions émises par les jurisconsultes[40].

Et sachant que dans les traditions, la coutume joue un rôle de premier plan dans la vie des peuples, chez les Romains également les normes coutumières avaient leur importance.

---

[38] *Ibidem, op. cit.,* p. 44.
[39] M. FABRE-MAGNAN, *op. cit.,* p. 35.
[40] R. ROBAYE, *op. cit.,* p. 36.

1 – La coutume

Comme nous l'avons déjà noté plus haut, la coutume est un ensemble d'usages répétés dans le temps et admis par tous comme ayant valeur obligatoire. En d'autres termes :

> [Comme] règle juridique résultant d'habitudes collectives répandues depuis longtemps et tenues pour obligatoires, la coutume se distingue du simple usage et requiert trois éléments : un comportement répété, un caractère obligatoire et une ancienneté suffisante[41].

Ses éléments constitutifs sont : la continuité de comportement au sein du groupe social, le caractère obligatoire d'un tel comportement (élément d'ordre psychologique), et avoir subi l'épreuve du temps (coutume immémoriale). Les ancêtres ayant une place importante dans les sociétés traditionnelles, il est normal que leur comportement ait une valeur normative.

Ainsi, chez les Romains, on distingue les coutumes familiales, les coutumes gentilices (usages communs à plusieurs familles alliées), les coutumes ethniques (créent un lien entre les Romains et plusieurs autres communautés latines) et les coutumes commerciales. Cependant, la coutume a connu son déclin au profit d'autres sources de droit qui font face aux nouveaux problèmes.

2 – La législation

« La législation au sens large, à Rome, est composée des lois républicaines, des interventions du Sénat et des décisions impériales[42] ». Les lois républicaines sont des dispositions générales et abstraites d'une autorité compétente sous la forme de *lex* ou loi au sens strict, et du

41 *Ibidem, op. cit.,* p. 37.
42 *Ibidem,* p. 40.

plébiscite, votés par l'assemblée de la Plèbe. Le Sénat qui est une assemblée législative à Rome avait joué un rôle important. Cependant, il ne fait qu'exprimer un avis, ou sénatus-consulte, qui n'a pas force obligatoire. Sous l'Empire, il perd une grande partie de son pouvoir politique. En revanche, il joue un rôle important dans le domaine du droit privé où les sénatus-consultes acquièrent force de loi dans le secteur du droit privé en participant à l'évolution du droit. La législation impériale, surtout à partir de l'empereur Hadrien (117-138), prend une importance croissante au IIe siècle. D'une manière générale, l'expression de la volonté de l'empereur a force de loi. Il s'exprime par les *édits,* les *mandats,* les *rescrits,* les *décrets* comme nous l'avons noté plus haut.

3 – La jurisprudence ou *ius honorarium*

Une nouvelle magistrature naît au IVe siècle avec l'institution de la préture qui est la fonction des magistrats appelés préteurs, chargés des affaires judiciaires.

> L'évolution du droit romain classique est liée en grande partie à l'activité des magistrats, et avant tout du préteur, dans les directives qu'il donnait aux juges, auxquels était confiée la solution des conflits en matière de droits. À côté des *praetor urbanus*, un second préteur, le *praetor peregrinus* a été institué vers le milieu du troisième siècle avant J.-C. pour s'occuper des conflits entre étrangers ou entre étrangers et citoyens romains[43].

Les préteurs avaient joué un rôle de premier plan dans la vie du droit romain.

> Le *ius honorarium* encore appelé droit honoraire ou droit du préteur, correspond à la jurisprudence actuelle. C'est le

[43] A. GAUTHIER, *op. cit.,* p. 83.

droit tel qu'il est mis en œuvre, interprété et complété par les tribunaux. Constitué par l'ensemble des décisions des préteurs, qui ont donné au droit romain sa consistance et sa richesse, il est appelé « droit honoraire » parce qu'il résulte des interventions de magistrats [...] tous revêtus d'un *honor* ou reconnaissance publique[44].

Comme nous l'avons dit, avec la procédure formulaire, les préteurs ont été un facteur de progrès dans le domaine du droit en ce sens qu'ils avaient pris conscience de la situation des plaignants et ont remédié aux procédures existantes.

4 – La doctrine ou *iurisprudentia*

Les jurisconsultes sont les premiers vrais juristes, en ce sens qu'on peut les considérer comme les fondateurs de la science juridique, parce qu'ils n'ont pas d'autorité officielle. Car « leurs interprétations du droit ne seront donc plus de simples solutions pragmatiques de cas particuliers, mais feront appel à des considérations théoriques[45] ».

Pratiquement :

> Les jurisconsultes jouent un triple rôle, qui correspond à trois fonctions actuelles : avocat, conseiller et notaire. Comme conseillers, ils donnent leurs avis sur les questions de droit qui leur sont soumises par les particuliers. Comme avocats, ils aident leurs clients dans la conduite des procès en justice. Comme notaires, ils rédigent les actes juridiques, selon les besoins de leurs clients[46].

---

[44] R. ROBAYE, *op. cit.,* p. 43.
[45] *Ibidem,* p. 46.
[46] *Ibidem,* p. 46.

Et l'influence de chaque jurisconsulte est liée à sa notoriété. Plus il a des arguments qui avaient du poids, plus il a de la renommée. Ainsi, « la doctrine, sous ces conditions, devient une source de droit effective, qui contribue au développement du droit romain[47] ». Alors, un caractère d'autorité s'attache à leurs interprétations juridiques.

[47] *Ibidem,* p. 47.

CHAPITRE II
LE DROIT DES PERSONNES ET LES SUCCESSIONS

Dans les systèmes juridiques actuels, la personne est le sujet capable d'être titulaire de droits et de devoirs. Ainsi, nous avons les personnes physiques et les personnes juridiques ou morales. Cependant :

> Le droit romain n'a pas édifié une théorie élaborée et unifiée concernant les *personnes juridiques*, c'est-à-dire une théorie expliquant le fait que des unités autres que des personnes individuelles sont considérées comme sujets de droits et de responsabilités. Mais il a en fait reconnu des sujets de droits autres que des personnes individuelles, même s'il ne leur a pas appliqué le terme de *persona*[48].

La capacité d'être titulaire de droits et de devoirs s'appelle la capacité juridique. Il faut alors distinguer la capacité d'agir de la capacité juridique. La capacité d'agir est la capacité du sujet d'exercer validement et effectivement les droits et devoirs dont il est titulaire.

À notre époque, les traités modernes de droit commencent par une recherche définitionnelle et une étude des personnes :

> C'est le plan aujourd'hui d'usage général que Gaius a dû emprunter à quelque livre de rhétorique grec, et que le Moyen Âge a retrouvé aux *Institutes* de Justinien. Les Romains ne

[48] A. GAUTHIER, *op. cit.*, p. 48.

s'embarrassent pas, d'ailleurs, d'une définition abstraite de la personne [...] Le mot de *persona* servait à désigner, dans le langage du théâtre antique, le masque de l'acteur ; pour les juristes, il désigne l'individu en tant qu'il joue un rôle sur la scène juridique, les modernes préciseront : qu'il peut avoir des droits ou des obligations[49].

Mais, à l'époque de Gaius, l'esclave aussi était personne, mais juridiquement, il n'était pas un sujet de droit, c'était une chose. C'est pourquoi les Romains disaient que l'esclave *non habet personam.* Et c'est plus tard que le concept de personne comme individualité humaine fut élaboré et au Moyen Âge la notion de personnalité juridique fut forgée. Il faut noter que chez les Romains, il n'y avait pas de personne juridique comme nous l'entendons aujourd'hui. Cependant, grâce au préteur et à la législation impériale, pour les entités de personnes ou de choses on a introduit des normes dans l'ordonnancement juridique.

Section I – Personnalité et capacité d'exercice

1 – La capacité de jouissance

En droit romain, l'attribution de la personnalité juridique répond à plusieurs conditions. Il faut l'existence physique, la liberté, la citoyenneté et l'autonomie au sein de la famille. Ces conditions doivent être rassemblées avant d'être en mesure de poser un acte juridique :

> On entend généralement par acte juridique toute manifestation de la volonté destinée à produire des effets de droit. Parmi les actes juridiques les plus importants en droit

[49] M. VILLEY, *op. cit.,* p. 53.

romain, on peut mentionner le contrat, le testament, l'acte destiné à transférer la propriété, comme la *mancipatio*[50].

1.1- L'existence physique.

Pour les juristes romains, la capacité de droit appartient à toutes les personnes physiques. Et parmi les êtres vivants, seuls les êtres humains ont la capacité de jouissance de la naissance à la mort. La personnalité juridique commence dès la naissance. Mais, dans le domaine du droit des successions, l'enfant conçu est considéré comme déjà né. Et l'adage romain dit : « l'enfant simplement conçu est considéré comme déjà né chaque fois qu'il y va de son intérêt » (*infans conceptus pro nato habetur quoties de commodo suo agitur*). Il s'agit d'une fiction qui joue en faveur de l'enfant qui n'est pas encore né. La fin de la personnalité advient avec la mort[51].

1.2- La liberté

Dans la plupart des sociétés de l'Antiquité, la question de la liberté dont devraient jouir les personnes s'est posée. Car, à Rome par exemple, l'esclavage était considéré comme une institution – laquelle n'a d'ailleurs été abolie en Europe qu'au XIXe siècle. C'est dans cette optique que les prisonniers comme les populations civiles vaincues sont généralement vendus comme esclaves. Mais « la situation matérielle des esclaves est fort variable selon le temps, le lieu et le type de travail auquel ils sont soumis[52] ».

---

[50] A. GAUTIER, *op. cit.*, p. 75.
[51] Cf. R ROBAYE, *op. cit.*, p. 54.
[52] R. ROBAYE, *op. cit.*, p. 55.

Juridiquement, les esclaves sont considérés comme une chose appartenant à leur maître, à leur propriétaire.

Les esclaves ne jouissaient d'aucun droit :

> Néanmoins, compte tenu de leur intégration dans le circuit économique, les esclaves se sont vu accorder peu à peu une capacité de fait leur permettant de poser certains actes au nom et pour le compte de leur maître, comme l'acquisition ou le paiement de marchandises[53].

1.3- La citoyenneté

La citoyenneté est de nos jours comme dans l'Antiquité un élément de reconnaissance et d'identification des personnes. Et seuls les citoyens peuvent jouir de certains droits :

> Parmi ces droits, on distingue les droits politiques, comme le droit de vote, le droit de servir dans l'armée ou celui d'accéder aux magistratures, et les droits privés : droit de contracter un mariage légitime, dont les effets sont reconnus, notamment dans le domaine de la filiation et des successions, droit d'utiliser les procédés formels du *ius civile* pour acquérir des droits patrimoniaux, droit de faire un testament valable ou encore d'agir en justice[54].

Ainsi, les Latins, c'est-à-dire les habitants du Latium, ont les mêmes droits privés que les Romains, avant d'être absorbés dans la citoyenneté romaine. Quant aux étrangers ou pérégrins, leurs préteurs leur appliquaient le *ius gentium* en matière de droit privé.

---

[53] *Ibidem*, p. 56.
[54] *Ibidem*, p. 57-58.

1.4- L'autonomie au sein de la famille

Dans la société romaine, la famille est une cellule très importante eu égard au rôle du chef de famille, le *paterfamilias.* Et chez les Romains, pour avoir la personnalité juridique, il faut être *sui iuris,* c'est-à-dire être indépendant juridiquement d'un père de famille. « La famille est le groupe des personnes liées par l'alliance (conjoint et certains parents de son conjoint) ou la parenté dite biologique (personnes liées par le sang)[55] ».

Chez les Romains, il y a la parenté *agnatique* et la parenté *cognatique.* La première concerne ceux qui sont *agnats* entre eux, c'est-à-dire ceux qui dépendent d'un même *paterfamilias.* Ainsi, ils avaient la famille au sens strict, la famille au sens large et la *gens* (un groupe de famille prétendant descendre du même ancêtre, souvent mythique[56]) :

> Les Romains ont également connu, dès le départ, la parenté biologique, sans distinction de ligne paternelle ou maternelle : c'est la *cognatio.* Elle est nécessaire notamment pour fonder la prohibition de l'inceste. Elle permet de calculer le degré de parenté par le sang, selon un mode de calcul toujours utilisé dans notre droit civil[57].

2 – La capacité d'exercice

Tous les titulaires de droits subjectifs ne sont pas toujours capables de les exercer. La personne qui se trouve dans l'incapacité d'exercer un droit dont elle est titulaire, est dite « incapable » :

---

[55] Cf. R. ROBAYE, *op. cit.,* p. 60.
[56] Cf. R. ROBAYE, *op. cit.,* p. 60-61.
[57] *Ibidem,* p. 61.

Le droit romain fait reposer la capacité d'exercice d'un individu sur quatre grands critères. Il faut être majeur, de sexe masculin, sain d'esprit et non-prodigue. Ceux qui ne remplissent pas ces conditions sont frappés d'une incapacité d'exercice tantôt totale, tantôt partielle et se voient adjoindre un tuteur ou un curateur[58].

2. 1 – La majorité

Dans l'ancien droit, les Romains pouvaient se marier à l'âge de 12 ans pour les filles et à 14 ans pour les garçons. C'est dire que chez les Romains la majorité correspond à l'âge requis pour le mariage. C'est une majorité précoce pour notre temps, tant que les rapports sociaux, surtout commerciaux et les contrats, restent dans une économie familiale fermée. Mais avec le développement de l'économie et la multiplication des contrats, l'âge de la majorité fut porté à 25 ans. Bien évidemment, dans le domaine des contrats, le mineur est assisté par un parent ou un ami nommé *curator.*

2.2- Le sexe

Pour avoir la capacité d'exercice, il faut être de sexe masculin. Ainsi, le droit romain reconnaît une incapacité partielle aux femmes.

En réalité, la véritable raison qui explique l'incapacité partielle de la femme à poser seule des actes juridiques est d'ordre patrimonial. Le souci premier du droit romain est de maintenir intact le patrimoine familial. Le problème vient précisément du fait que la femme peut avoir la capacité de jouissance, au même titre qu'un homme. Par conséquent, elle reçoit sa part de l'héritage paternel. Il faut éviter que ces biens

[58] *Ibidem,* p. 63.

soient mal gérés, ou vendus, ou qu'ils passent à une autre famille, notamment par le mariage si la femme se marie[59].

2.3 – Les aptitudes mentales

Les juristes romains ont perçu que parmi les personnes juridiques il en est qui sont incapables, pour quelque circonstance de fait, d'exercer normalement leurs droits, et qu'il faut (tout en leur gardant la jouissance théorique des droits) protéger et mettre en tutelle[60].

Ainsi, pour être en mesure d'acquérir la capacité d'exercice, il faut être sain d'esprit, c'est-à-dire il ne faut pas être mentalement malade et donc être considéré comme un incapable. Pour être juridiquement capable, il faut être un non-prodigue :

> La prodigalité est pour les juristes classiques une espèce de folie qui consiste à dilapider ses biens, à dépenser sans compter, à avoir en quelque sorte perdu le sens des valeurs matérielles. S'il est normal, dans un système juridique individualiste comme le droit romain, que chacun puisse en principe disposer librement de ses biens, il n'est pas permis pour autant de s'engager dans de folles dépenses, qui risquent surtout de ruiner la famille du prodigue[61].

Pour donner quelques cas d'incapables considérés par les Romains, nous pouvons citer la femme, la situation du fou et du prodigue, les impubères et les mineurs de 25 ans. En ce qui concerne le fou et le prodigue :

> Dès l'époque antique des XII Tables, une situation juridique spéciale était donnée au fou, *furiosus* – il ne s'agit sans doute que d'une folie grave et certaine. On ne peut pas laisser au fou la direction de ses affaires. Il sera placé, dit la

---

59 R. ROBAYE, *op. cit.,* p. 65.
60 M. VILLEY, *op. cit.,* p. 62.
61 R. ROBAYE, p. 66.

loi des XII Tables, sous la puissance des plus proches membres de sa famille. Plus tard l'on désignera du nom de *curateur* la personne chargée de ses affaires (c'est encore le nom qu'elle porte dans notre droit) et l'on aménagera la curatelle de telle sorte que soient protégés les intérêts du fou[62].

Dans la même ligne, en ce qui concerne les *impubères*, Michel VILLEY observe :

> L'enfant qui n'a pas atteint l'âge de la puberté, et revêtu la toge virile, est très évidemment trop jeune pour plaider, pour exercer les diverses attributions de la personne juridique. Il est d'ailleurs privé d'accès aux assemblées publiques, aux comices, où se pratique maint acte du droit civil. Lui aussi, il convient de le mettre en tutelle[63].

3 – Les actions ou les procès

Habituellement, dans les systèmes juridiques actuels, il existe une organisation de la justice dans les États. Chez les Romains, il n'en était pas ainsi dans l'Antiquité. L'État n'avait pas encore la force d'empêcher la justice privée. À cause de la faiblesse de son organisation, l'État archaïque était contraint à reconnaître la légitimité de la défense privée. C'était un système d'autodéfense, et c'est avec l'évolution que le procès est devenu une fonction publique. Et la défense privée s'est transformée en initiative de partie qui est demeurée la caractéristique essentielle du procès civil. Chez les Romains, droit et action (procès) étaient intimement liés, parce que le droit était conçu sous l'aspect processuel et non substantiel. L'évolution des institutions juridiques romaines est due à la recherche des moyens juridiques de défense concédés aux titulaires de droit subjectif. Dans son évolution historique, le procès privé

---

[62] M. VILLEY, *op. cit.,* p. 64.
[63] *Ibidem, op. cit.,* p. 65.

romain a connu trois systèmes consécutifs : les *« legis actiones »*, les *« formulae »* ou procès *« per formulas »* et la *« cognitio extra ordinem »*.

– Les *legis actiones* étaient une affirmation solennelle de son propre droit, faite devant le magistrat, selon un schéma préconçu que les privés ou particuliers ne pouvaient ni créer ni changer. C'est la loi des XII Tables qui disciplinait de tels procès, lesquels se déroulaient en deux phases. La première phase dite *« in iure »* se déroulait devant le magistrat. La deuxième phase dite *« apud iudicem »* se déroulait devant le juge privé.

– Les procès *per formulas* (ou les *formulae*). À cause de leur rigorisme lié à la procédure, les *legis actiones* furent abolies et substituées par une procédure plus simple : les procès *per formulas* à partir de la loi Aebutia. Ils étaient également divisés en deux phases : la partie *in iure* se déroulait devant le magistrat et la partie *in iudicio* devant le juge nommé par le magistrat.

– Le procès *extra ordinem*. Avec la *cognitio extra ordinem* l'administration de la justice devient une fonction de l'État. Au départ, c'était un processus qui était adopté pour régler les controverses dans lesquelles était impliqué l'État comme administration publique. Avec Auguste on l'a étendu aux rapports entre privés. Comme le reconnaît Albert GAUTHIER :

> Ce type de procédure a d'abord été utilisé pour certains cas et dans les provinces, où les gouverneurs étaient souvent dotés de juridiction. Il est graduellement devenu d'un usage plus général. Au début du quatrième siècle, il était devenu la pratique normale[64].

---

[64] A. GAUTHIER, *op. cit.*, p. 87.

Le procès *extra ordinem* avait les caractéristiques suivantes :

Toute l'activité processuelle se déroulait devant le même fonctionnaire de l'État. Il n'y a donc plus de phases *in iure* et *apud iudicem.*

Le fonctionnaire qui est le juge avait une grande marge d'action avec d'amples pouvoirs.

La présence du défendeur n'est plus essentielle pour le déroulement du procès. Il suffit qu'il soit mis au courant du commencement du procès.

La partie condamnée peut attaquer la sentence si elle la retenait injuste. Elle pouvait avoir recours aux fonctionnaires plus élevés en grade.

La condamnation ne consiste plus à payer une somme d'argent, mais elle pouvait imposer un comportement comme la restitution d'une chose.

L'exécution de la sentence advenait *manu militari* par les *« apparitores »* (les huissiers).

Comme nous pouvons le constater :

> L'étude de la procédure romaine permet de suivre l'évolution complète d'une procédure depuis ses premières manifestations, mal dégagées de la vengeance privée ou de l'ordalie, jusqu'à un véritable régime de justice d'État. [...] La citation administrative, l'appréciation des preuves, la prononciation de la sentence, l'exécution assurée par l'autorité publique marquent au Bas-Empire le triomphe de la justice d'État[65].

---

[65] J. GAUDEMET, *Le droit privé romain,* p. 205.

Section II – Le mariage

Le mariage est l'une des institutions les plus vieilles du monde. Il se rencontre chez tous les peuples. Il est à la base de la famille et constitue le négoce juridique solennel par lequel un homme et une femme s'acceptent comme mari et épouse en vue de leur bien personnel et de la perpétuité du genre humain. Car, c'est par le mariage que naît la famille entendue comme groupe de personnes liées entre elles par un lien particulier. Mieux, c'est le groupe de personnes liées par une alliance ou par la parenté biologique. Ainsi, nous avons la famille au sens strict (parents et fils), au sens large et au sens naturel ou de fait. « Le mariage est donc destiné à fonder la famille, et la famille est l'institution qui a pour fonction de transmettre la culture, c'est-à-dire un ensemble de comportements permettant à l'être humain de s'adapter à son environnement[66] ». Notons enfin qu'en droit romain, il y avait successivement le mariage traditionnel et le mariage forgé et diffusé par le christianisme à partir du IVe siècle de notre ère[67].

1 – Le mariage romain classique

> « Les juristes romains ont connu une définition du mariage, forgée au IIIe siècle de notre ère par Modestin et reprise dans le *Corpus Iuris Civilis* de Justinien : *nuptiae sunt coniunctio maris et feminae et consortium omnis vitae divini et humani iuris communicatio* (« Le mariage est l'union de l'homme et de la femme, une société pour toute la vie, une mise en relation du droit divin et du droit humain[68] »).

---

[66] R. ROBAYE, *op. cit.,* p. 68.
[67] *Ibidem,* p. 68.
[68] *Ibidem,* p. 69 ; D. 23, 2, 1.

L'accent est mis ici sur la profondeur de la communauté entre les époux et le lien de l'alliance avec la sphère du sacré *(« divini et humani iuris communicatio*[69] *»)*. Pour les Romains, que cette union soit considérée comme une union pour toute la vie n'exclut pas sa dissolution. Par cette réflexion, Modestin veut signifier que le mariage a vocation à s'inscrire dans la durée, parce que c'est un statut. C'est pourquoi, dans les *Institutes* de Justinien, il prescrit : « le mariage est une union de l'homme et de la femme, entraînant avec elle une vie indivise[70] ».

À cause des structures familiales de la cité romaine, la problématique du consentement matrimonial est d'une importance capitale et doit être envisagée sous deux angles : celui des futurs époux et celui de leur *paterfamilias.* Non seulement le consentement des époux est nécessaire, mais encore celui du *paterfamilias* est indispensable, s'ils sont encore sous sa protection sociale et donc régi par les coutumes familiales. C'est pourquoi le consentement du paterfamilias est indispensable[71].

Par ailleurs, en droit romain comme nous l'avions déjà noté, le mariage est le fondement de la famille. Ainsi :

> Au Moyen Âge, on a fini par considérer que le mariage se formait par un consentement contractuel, que la formation du mariage constituait un *contrat.* [...] Plusieurs auteurs modernes considéraient que cette théorie trouvait son origine chez les canonistes. Mais un certain nombre de chercheurs semblent avoir démontré que cette théorie remonte aux légistes laïcs du Moyen Âge[72].

Mais, il est à noter que lorsque les canonistes parlent de la formation du mariage en termes de contrat, ils veulent

[69] Cf. A. GAUTHIER, *op. cit.*, p. 35.
[70] *Inst.* 1, 9, 1.
[71] Cf. A. GAUTHIER, *op. cit.*, p. 36-38.
[72] *Ibidem, op. cit.*, p. 39.

signifier que le mariage est une *alliance* que l'on ne devrait pas dissoudre sous n'importe quel prétexte. Cependant, c'est l'institution qui a subi une évolution notable dans l'histoire, même si certains principes sont restés valables à toutes les époques : le principe de la *monogamie,* le principe *consensuel* (consentement mutuel) et le principe *exogamique.* En ce qui concerne le divorce, Justinien abolit les *servitus poenae* et *deportatio* qui en sont les vieilles causes de dissolution. Ainsi, il établit que le divorce par consentement mutuel n'est permis que lorsqu'un des conjoints fait le vœu de chasteté. Mais son successeur Justin le rétablit dans le cas du consentement mutuel dans le *Corpus Iuris Civilis*[73].

Quant aux conditions requises pour un mariage valide (*matrimonium iustum*), les Romains citaient :

– Le *ius conubii* qui est la capacité de pouvoir se marier (il n'était pas permis à tous de se marier),

– la capacité de s'unir dans le mariage à laquelle s'ajoute l'âge de puberté, (12 ans pour la jeune fille et 14 ans pour le jeune homme),

– la *causa licita*, la cause licite, du mariage : on se marie pour fonder une famille,

– l'*auctoritas* du *paterfamilias* (le consentement du père de famille).

Il faut noter que le mariage est prohibé entre la proche parenté biologique. L'interdiction est absolue en ligne directe c'est-à-dire entre ascendants et descendants. Le droit classique autorise le mariage en ligne collatérale c'est-à-dire entre cousins (parenté au quatrième degré). Ces

[73] *Ibidem, op. cit.*, p. 46-47 ; Cf. *Novelle* 117, ch. 10 et *Novelle* 140.

dispositions ont pour but d'éviter l'inceste. De ce mariage licite proviennent les effets suivants :

– Les enfants nés de cette union sont légitimes ; ils sont soumis à la *patria potestas* des parents ;

– entre les conjoints, mais aussi entre eux et les belles familles, se crée un lien d'affinité ;

– entre les conjoints se créent les liens relatifs aux rapports de conjoints, c'est-à-dire les rapports de mariés ;

– l'admission de la *praesumptio muciana,* c'est-à-dire une présomption qui prescrivait que tout ce que la femme possédait provenait de son mari, sauf preuve du contraire.

La famille a besoin de ses propres moyens patrimoniaux pour subvenir à ses nécessités. On parle alors de régime patrimonial familial lorsqu'on se réfère aux biens destinés à tout le groupe familial. En ce sens, les charges du mariage ou dot sont supportées par le chef de famille du mari. Mais, chez les Romains :

> La dot peut être définie comme un ensemble de biens, de nature et d'importance variables, destinés à contribuer aux charges du ménage et transférés au mari ou à son *paterfamilias* par la femme si elle est *sui iuris* ou par son père, un parent ou un ami si elle est *alieni iuris.* Dans la conception romaine, la dot est destinée à compenser les charges financières résultant de l'entretien de la femme et des enfants qui naîtront du mariage[74].

Cependant, il y a trois exceptions au sujet du transfert de la dot qui, en principe, est transmis de façon irrévocable. D'abord au décès de la femme, la dot doit être restituée à son *paterfamilias.* Deuxièmement, les tiers qui ont participé à la composition de la dot peuvent convenir avec le mari de

---

[74] R. ROBAYE, *op. cit.*, p. 73.

la restitution en cas de décès de la femme ou de divorce. Enfin, en cas de divorce, le préteur crée une action en justice qui permet à la femme de réclamer la restitution au moins partielle de la dot[75].

Par ailleurs, il faut remarquer qu'en droit romain, il existait aussi les séparations, la dissolution des mariages, le divorce, mais aussi le concubinage. À l'époque de la République et de l'Empire, le problème du divorce ne se posait pas. Car, à la fin de ces périodes, les mœurs ont connu un changement et on mettait fin aux mariages avec une facilité déconcertante. Ainsi deux formes de dissolution volontaire sont connues en droit romain : la rupture peut provenir d'une initiative individuelle de la femme comme du mari ou d'un commun accord.

2 – Le mariage au Bas-Empire

> L'influence du christianisme a pour effet de modifier la conception classique du mariage romain sur plusieurs points. L'Église veut faire du mariage un acte solennel, créateur du lien conjugal, liant les époux de manière indissoluble[76].

Le mariage romain qui avait un caractère public, avec l'avènement du christianisme, on assiste à une transposition des rites païens et la liturgie chrétienne s'ajoute aux festivités, surtout en Orient ; au IXe siècle de notre ère la bénédiction nuptiale est exigée pour la validité du mariage. L'idée du consentement apparaît et renforce l'indissolubilité du mariage. Et « en se basant sur les textes des Évangiles et sur l'enseignement de saint Paul, l'Église considère dès le départ que le mariage des chrétiens est indissoluble[77] ».

---

[75] *Ibidem*, p. 73.
[76] *Ibidem*, p. 75.
[77] *Ibidem*, p. 75.

L'influence de l'Église s'exerce également dans le domaine du divorce. Elle affirme avec force le principe fondamental qui préside selon elle à tout mariage : l'indissolubilité du lien conjugal. Face au principe de l'indissolubilité du mariage, l'Empereur Constantin déclare : « il ne faut pas que le mari et la femme puissent se répudier à la légère ou sous de faibles prétextes ». Malgré le poids de l'Église dans la société romaine de ce temps-là, on considère le divorce comme un acte privé. Les seules causes de répudiation admises sont la condamnation du mari pour meurtre ou empoisonnement, adultère de la femme, exercice du métier d'entremetteuse ou empoisonnement. « À ces causes, l'Empereur Justinien ajoutera l'impuissance du mari, la stérilité de la femme, la folie, l'absence prolongée, l'entrée en religion et la faute grave du conjoint, comme l'entretien d'une concubine au domicile conjugal[78] ». L'obligation de fidélité est donc indispensable pour les deux époux.

Section III – Le droit des successions

Le droit des successions fait partie du droit des choses (*ius rerum*) comme il est dénommé dans les *Institutes* de Gaius. Il traite des questions liées au transfert de l'ensemble du patrimoine que l'on peut transmettre par une succession légale ou par succession testamentaire.

1 – La succession testamentaire

La succession est un phénomène qui conduit un sujet à se substituer à un autre dans un rapport juridico-patrimonial. À l'origine, les Romains n'avaient pas une

---

[78] R. ROBAYE, *op. cit.*, p. 76.

conception matérielle de l'héritage et de la succession. Pour eux, l'héritier était le successeur religieux et politique du *de cujus*, celui qui continue sa personnalité et prend en charge le culte des ancêtres.

Le testament est alors un acte pour cause de mort (*causa mortis*), c'est-à-dire un acte sans effet avant la mort du testateur. C'est un acte unilatéral qui ne requiert pas le consentement de l'héritier au moment de sa composition. Notons qu'en droit romain, il existe le testament public, c'est-à-dire la désignation en public de l'héritier. Cette désignation s'accomplit devant l'assemblée. Il y a aussi le testament par mancipation (devant cinq témoins le *paterfamilias* transfert son patrimoine à un acheteur de patrimoine familial qui le transmet à l'héritier désigné par le *paterfamilias*). Le testament écrit est une forme plus simple par laquelle le magistrat reconnaît la validité de la seule déclaration de volonté du *paterfamilias.* Et pour que le testament soit valide, il faut que le testateur ait la capacité de faire un testament et que l'héritier soit capable d'être institué.

> Ainsi, le testament est un acte à cause de mort, c'est-à-dire un acte destiné à ne sortir ses effets qu'après la mort, par opposition aux actes entre vifs. Plus précisément, le testament est un acte de dernière volonté contenant l'institution d'un héritier[79].

2 – Validité, objet et annulation du testament

Quelle que soit sa forme, le testament suppose le respect des conditions relatives au testateur et à l'héritier. Comme tout acte juridique, le testament requiert la capacité de jouissance chez son auteur. Chez les Romains, il doit être citoyen romain et *sui iuris*. « Les esclaves, les étrangers et les

---

[79] R. ROBAYE, *op. cit.,* p. 80.

personnes sous puissance, comme les enfants non émancipés, ne peuvent le faire[80]. »

En droit romain, il est important de connaître celui qui va succéder à la personnalité du défunt. Il est important de savoir l'héritier qui doit arriver effectivement à la succession, et s'il meurt avant le testateur, le testament devient caduc. L'institution d'héritier est universelle, en ce sens que le ou les héritiers désignés doivent recueillir la totalité de la succession. Il faut noter que le testateur a le droit de désigner autant d'héritiers qu'il souhaite.

Mais un testament peut faire l'objet d'une action en justice dans le cadre de son annulation. Cette action est appelée *plainte pour testament inofficieux.* Même si le paterfamilias a en principe toute liberté dans le choix de celui qui lui succédera, il doit cependant faire preuve de *pietas*, c'est-à-dire respecter les valeurs familiales et manifester de la générosité envers ses proches.

3 – Les donations et la *« donatio mortis causa »*

La donation désigne de nos jours un contrat par lequel une personne appelée donateur se dépouille sans contrepartie et dans une intention libérale (gratuitement) d'un bien lui appartenant en faveur d'une autre personne appelée donataire. En termes plus clairs, il s'agit de donner en transférant la propriété d'un bien, ou en remettant une dette à un tiers. La *donatio* se caractérise par l'augmentation du patrimoine du donataire au détriment de celui du donateur. D'autre part le donateur ne doit pas être tenu ni par une obligation juridique ni intéressé par la perspective d'un gain.

Quant à la *donatio mortis causa*, c'est une donation révocable qui ne prend effet qu'à la mort du donateur et à condition que le donataire lui survive. C'est dans cette

---

[80] *Ibidem,* p. 80.

perspective que dans le droit justinien, la donation à cause de mort est comparée au testament, puisqu'il a introduit le principe de la révocabilité de la *donatio mortis causa.*

4 – La succession *ab intestat*

Si la succession est refusée par les héritiers désignés ou si le testament est annulé, c'est une succession *ab intestat* qui s'ouvre. La succession *ab intestat* est une succession légale qui est organisée par la loi des XII Tables (Ve siècle av.-JC).

Le *ius civile* a établi trois ordres d'héritiers. Le premier ordre comprend les héritiers de la maison qui sont considérés du vivant du *paterfamilias* comme propriétaires. Le deuxième ordre est celui des *agnats* c'est-à-dire la parenté la plus proche du défunt. Enfin le troisième ordre est celui de la *gens* c'est-à-dire du groupe de familles dont est issu le défunt.

Quant à la succession prétorienne, elle permet au préteur de désigner les parents qui lui paraîtront dignes d'hériter.

Mais, en 543, l'Empereur Justinien va opérer une réforme complète du droit successoral. Il consacre la primauté à la parenté cognatique, c'est-à-dire la parenté naturelle reposant sur la consanguinité. Dans ce sens, il établit quatre ordres. Le premier ordre comprend tous les descendants du *de cujus*, enfants et petits-enfants. Le deuxième ordre concerne tous les ascendants et les frères et sœurs germains. Le troisième ordre prend en compte les frères et sœurs utérins et consanguins. Enfin le quatrième ordre concerne tous les autres parents collatéraux. Et dans le cas d'incertitude du contenu de la succession, Justinien crée l'acceptation sous bénéfice d'inventaire[81].

---

[81] Cf. R. ROBAYE, *op. cit.,* 85-88.

CHAPITRE III
LE DROIT DES BIENS

Par *ius rerum* selon les *Institutes* de Gaius, le juriste entendait les règles régissant les droits patrimoniaux dans leur ensemble, c'est-à-dire le droit régissant le fonctionnement des biens proprement dit, le droit successoral et le droit des obligations. De nos jours, tous ces droits sont devenus des branches distinctes en droit civil. Et nous parlons du droit des choses au sens strict, c'est-à-dire du droit patrimonial traitant des choses comme telles. Pour le juriste, les choses sont tout ce qui existe dans la nature présentant pour l'homme un intérêt patrimonial. Mais il existe des choses corporelles comme un livre, une chaise, une maison et des choses incorporelles comme l'héritage et l'usufruit.

Section I – Les droits réels

Les juristes romains distinguent les droits patrimoniaux et les droits extrapatrimoniaux. Les Romains accordent une place importante à la notion de *patrimoine* suite au rôle central attribué au *paterfamilias* dans la reconnaissance des droits subjectifs[82]. Ainsi, les droits subjectifs sont rangés en deux grandes catégories : les droits extrapatrimoniaux, c'est-à-dire ces droits qui ne peuvent pas faire partie du

---

[82] Cf. M. VILLEY, *op. cit.*, p. 75-79.

patrimoine d'une personne. Nous avons comme exemple, le droit au mariage, le droit à l'intégrité physique, ou encore la liberté de culte ou le droit de vote. Et les droits qui peuvent être regroupés dans le patrimoine de leur titulaire, c'est-à-dire les droits patrimoniaux. Nous avons comme exemples le droit de propriété ou le droit d'un prêteur contre son débiteur, un cheval, un immeuble ou une somme d'argent. Notons cependant que « certains droits, comme la propriété littéraire ou artistique, relèvent des deux catégories, car ils ont une dimension patrimoniale évidente, mais aussi un aspect moral et intellectuel[83] ». Nous avons par exemple le droit au nom et le droit à l'intégrité physique.

Quant aux droits réels et aux droits personnels, la distinction n'est pas aussi claire chez les Romains que dans la science juridique moderne. De nos jours, on entend par droits réels, les droits qui assurent à leurs titulaires un pouvoir immédiat et absolu sur une chose déterminée. Et le droit de propriété occupe une place de choix parmi les droits réels. Déjà les glossateurs du Moyen Âge faisaient l'analyse de la propriété dans un but didactique en disant que :

> Ce droit comporte… trois attributs : l'*usus,* le droit d'utiliser les choses, et le *fructus,* d'en recueillir les fruits ; troisièmement l'*abusus,* droit de la consommer ou de l'aliéner. On traduira bientôt, à tort, par droit d'abuser de la chose. Le propriétaire est le maître d'administrer son bien comme il l'entend, de le détruire, ou de l'utiliser à des fins antisociales. Ou bien l'on reprendra à contresens, cette phrase des *Institutes de Justinien*, que la propriété est un pouvoir intégral sur la chose : *plena in re potestas*[84].

---

[83] R. ROBAYE, *op. cit.*, p. 94.
[84] M. VILLEY, *op. cit.*, p. 84-85.

Aussi, les théoriciens du XVIIIe siècle en déduisent que de droit naturel, la propriété est un droit inviolable et sacré ce qui lui confère un caractère exclusif et absolu sans limitation quelconque.

En fait, la terminologie de droit réel n'est pas une terminologie du droit romain. En droit romain, la figure de droit réel était fournie par le droit de propriété qui attribuait un pouvoir plénier et total sur une chose. Les différentes figures de droit réel sont reconnues à l'époque classique. Nous avons la *possession* qui est le pouvoir de fait sur une chose. Deux éléments caractérisent la possession : le *corpus* c'est-à-dire la détention matérielle du bien ou de la chose et l'*animus* c'est-à-dire l'intention du possesseur d'exercer des pouvoirs de propriétaire sur la chose. L'*usufruit* est le droit réel de percevoir les fruits et en général tout ce qui représente le revenu normal d'une chose. Nous avons enfin les droits réels de *garantie*. Il s'agit d'abord du *gage* ou du *pegnus* qui transférait non pas le *dominium*, mais la disponibilité de fait de la chose. Ensuite, il y a l'*hypothèque* encore appelée *gage conventionnel* qui est un droit réel accordé au créancier sur un bien immeuble en garantie du paiement de la dette sans en déposséder le propriétaire.

Par ailleurs, il existe les droits personnels qui sont des droits de créance que l'on peut définir comme des droits qui s'exercent vis-à-vis d'une personne et non directement sur une chose. Mais ces droits n'ont pas la caractéristique des droits réels. Nous avons comme exemple un locataire d'une maison qui n'a pas en fait un droit réel ; il n'est pas le propriétaire de la maison.

Section II – La possession

« Si la propriété est un état de droit vis-à-vis d'une chose, la possession est une situation de fait[85] ». Car une situation de fait concerne une personne ou une chose placée dans un environnement, tandis qu'une situation de droit est une situation à laquelle on accorde une valeur.

1- Définition de la possession

Dans le langage juridique, les mots ont un sens technique particulier que les profanes ne saisissent pas toujours.

> Pour les juristes, la possession… signifie une maîtrise de fait sur une chose, plutôt qu'un droit proprement dit. Mon voleur *possède* l'objet qu'il m'a enlevé, dont je suis le propriétaire. Il se peut bien d'ailleurs – c'est même le cas normal – que je possède la chose dont je suis propriétaire. Mais ce sont deux notions juridiques différentes et qu'il importe de distinguer. Il a fallu plusieurs siècles d'histoire romaine pour que… le régime juridique de la possession s'élabore[86].

Et, dans le monde romain surtout vers le milieu de l'époque républicaine, il y avait beaucoup de personnes qui possédaient des biens sans être propriétaires. Mais grâce à l'intervention du préteur, on ne pouvait pas laisser sans protection la foule de gens qui cultivaient régulièrement leur terre. Alors, il a recours à un autre moyen, l'*interdit,* pour s'attaquer à la possession[87]. Par la suite, les jurisconsultes définissent la possession sur la base des travaux des philosophes grecs. Dans le Bas-Empire, pour

---

[85] R. ROBAYE, *op. cit.*, p. 109.
[86] M. VILLEY, *op. cit.,* p. 87-88.
[87] Cf. *ibidem,* p. 32, 88-89.

combler les lacunes du droit civil, la théorie classique a été construite. En ce sens, la théorie de notre droit moderne est redevable au droit romain[88].

Selon la compréhension des juristes, il y a deux éléments qui caractérisent la possession : un élément matériel et une intention. S'agissant de l'élément matériel, dans la perspective juridique, la possession suppose la possibilité d'exercer une maîtrise de fait sur une chose. Ce qui compte, c'est que la chose dépende de la volonté du possesseur. Il ne s'agit pas nécessairement des choses que l'on a sous sa dépendance à un moment donné. Quant à l'élément intentionnel de la possession, il faut que le possesseur ait la volonté de garder le bien pour soi. Il faut que l'on sente cette volonté d'exclusivité chez le possesseur. Il ne faudrait pas le confondre avec le détenteur qui serait dans la situation d'un usufruitier. Il est donc important de ne pas confondre possession et détention qui est de l'ordre des faits et non de droit[89].

2 – Champ d'application de la possession

« La possession, qui nous était apparue au départ comme un pur état de fait, joue un rôle considérable dans le développement du droit des biens[90] ». C'est le préteur qui intervient sur la base de son *imperium* pour la protection de la possession dans le but de sauvegarder la paix publique. Toutefois, lorsqu'il estime qu'elle a été acquise de manière irrégulière, il ordonne la restitution du bien.

---

[88] *Ibidem*, p. 90-95.
[89] Cf. R. ROBAYE, *op. cit.*, p. 111-112.
[90] R. ROBAYE, *op. cit.*, p. 113.

À l'époque préclassique et classique, la possession a acquis une place importante. Les deux parties devaient prouver la véracité de leur affirmation au sujet de la propriété. Le préteur, considérant l'injustice de la situation, modifia la procédure. Le défendeur n'a plus rien à prouver ; c'est sur la partie du demandeur que la charge de la preuve repose.

Il y a plusieurs modes d'acquisition de la propriété. Nous avons la *tradition,* procédé ordinaire de transfert de la propriété. L'*occupation* qui est un mode originaire de la propriété et enfin l'*usucapion* qui est le mode réservé aux citoyens romains par la possession d'un bien pendant un certain temps[91].

3 – Protection de la possession

Les activités du préteur ont fait de la possession une des matières très importantes du droit romain classique. Car il intervient sur la base de son *imperium,* son pouvoir de commandement en vue de l'application équitable du droit. Il intervient pour assurer l'ordre public et pour que l'intérêt des propriétaires soit sauvegardé. Car, dans une société organisée, lorsque l'on s'estime lésé, il faut passer par les voies régulières mises en place par l'autorité compétente : il faut agir en justice. Ensuite dans l'intérêt des

---

[91] Cf. *Ibidem, op. cit.,* p. 113-114. Au sujet de l'acquisition de la propriété, Albert GAUTHIER dit que « si le droit s'intéresse à la propriété, ce n'est pas tellement pour la définir que pour en régler l'acquisition, le transfert, et en assurer la protection en cas de lésion. Parmi les modes d'acquisition de la propriété, on distingue les modes originels (comme l'occupation pour les *res nullius*) ou dérivatifs (qui exigera normalement la *traditio*). L'un des modes d'acquisition de la propriété les plus structurés consiste dans la "prescription", toujours présente dans les droits civils et canonique modernes », *op. cit.,* p. 60-61.

propriétaires, en protégeant les possesseurs, on protège pratiquement une majorité de propriétaires[92].

Section III – La propriété

À l'époque classique, chez les Romains, le droit de propriété est caractérisé par l'exclusivité, l'individualité et le caractère perpétuel. Ainsi, le droit de propriété est le droit de jouir et de disposer d'une chose d'une manière exclusive et absolue dans les limites et dans le respect des obligations imposées par la loi[93]. L'origine de cette institution juridique en droit romain remonte au développement économique dû aux échanges commerciaux. Le droit de propriété appelé le *« dominium »*, chez les Romains, a connu une évolution. Avant la Loi des XII Tables, il signifiait la domination du *paterfamilias* sur tous les biens de la famille, des choses jusqu'aux personnes. C'est l'évolution du droit et le développement socio-économique qui ont conduit à la notion actuelle que nous avons définie ci-dessus. Dans le droit classique, on distingue trois types de propriété privée : la propriété civile ou quiritaire, réservée aux citoyens ; la propriété bonitaire appelée également *propriété prétorienne*, parce qu'elle advient à travers un acte solennel devant le préteur. Notons qu'il y a plusieurs modes d'acquisition de la propriété. Cela va du mode d'acquisition à titre originaire (ex : usucapion : acquisition par possession prolongée), au mode d'acquisition à titre dérivé[94] (ex. : cession). Et enfin nous avons les propriétés du *ius gentium*. « Le *ius gentium* désigne, pour les juristes classiques,

[92] Cf. *ibidem, op. cit.,* p. 115.
[93] Cf. R. ROBAYE, *op. cit.,* p. 123.
[94] Cf. *ibidem, op. cit.,* p. 125-141.

l'ensemble des institutions qui sont communes aux Romains et aux autres peuples[95] ».

Section IV – Les droits réels limités et le droit des obligations

La science juridique moderne entend par droits réels, les droits qui assurent à leurs titulaires un pouvoir immédiat et absolu sur une chose déterminée comme nous l'avions déjà noté ci-dessus. Mais, « à côté de la propriété, qui est le droit réel par excellence, se sont développés d'autres droits réels, limités, qui s'exercent sur les choses dont leur titulaire n'est pas propriétaire. Ce sont les *iura in re aliena,* les droits sur la chose d'autrui[96]. »

1 – Les servitudes

Les servitudes sont des droits réels et constituent des limitations au droit de propriété. C'est un droit réel sur une chose pour le bénéficiaire à qui la chose n'appartient pas de droit. Nous avons par exemple les servitudes foncières, appelées encore *servitudes prédiales* qui sont des droits réels constitués sur un immeuble. Il y a aussi l'*usufruit* et l'*usage* considérés par la jurisprudence romaine comme des servitudes personnelles[97].

---

[95] R. ROBAYE, *op. cit.,* p. 142.
[96] *Ibidem, op. cit.,* p. 171.
[97] Cf. *Ibidem, op. cit.,* p. 174-181.

2 – Les autres droits réels limités

En dehors des servitudes foncières et personnelles, nous avons aussi l'*emphytéose,* la *superficie,* l'*hypothèque* et le *gage* qui sont d'autres droits réels en droit romain. Les deux premiers (l'emphytéose et la superficie) servent à répondre à des objectifs particuliers, et les deux derniers ont pour but de protéger et à offrir une garantie au sujet du paiement de sa créance.

L'emphytéose est un instrument politique agraire dont se servaient les empereurs pour organiser les terres agricoles. Initialement, l'emphytéose est un droit de bail de longue durée qui accordait au preneur un véritable droit réel sur le bien loué. Mais plus tard au Ve siècle de notre ère, on a vidé le sens juridique et l'emphytéose est considérée comme un contrat *sui generis*[98]. Pour mieux utiliser les espaces publics urbains, les Romains ont mis des règles à cet effet. Quant au gage et à l'hypothèque, ce sont des sûretés réelles permettant à un créancier impayé à l'échéance de saisir la chose pour la faire vendre immédiatement[99].

3 – Le droit des obligations

3.1- Le concept

À côté des droits sur les choses (fonds de terre, usufruits, servitudes) que nous appelons droits réels, il y a des droits à *ce que* des choses, ou des services nous soient rendus, par une *personne :* bien incorporel que les Romains nomment *obligations.* (Ils connaissent une *procédure* propre à cette

[98] Cf. *Ibidem, op. cit.,* p. 182-183.
[99] Cf. *Ibidem, op. cit.,* p. 185-188.

espèce d'affaires, les actions *in personam*, distincte des actions *in rem*[100]).

Et comme l'observe René ROBAYE :

> Aujourd'hui, le droit des obligations occupe, à juste titre, une place importante dans l'étude du droit civil et l'influence du droit romain, dans cette matière, est fort importante. Le droit moderne a repris les définitions romaines de l'obligation, la division entre contrats et délits et les grands contrats de l'époque classique, même si la théorie générale des obligations, simplement ébauchée à Rome, a été amplifiée et structurée à l'époque moderne[101].

Ainsi, dans la terminologie juridique moderne, on entend par obligation, des situations déterminées dans lesquelles un sujet est juridiquement tenu à un comportement donné envers un autre sujet. L'obligation est donc définie comme le rapport juridique entre deux sujets dont l'un est débiteur et l'autre créancier. Le concept de *obligatio* fut peu développé par les Romains. Cependant dans l'évolution du droit romain, le concept fut peu à peu accepté et les sources des obligations étaient tous les faits juridiques auxquels la loi attribuait l'effet de produire justement une obligation. Ainsi, dans les *Institutes* de Justinien, « L'obligation est un lien de droit (*iuris vinculum*) par lequel nous sommes astreints à la nécessité de payer quelque chose conformément au droit de notre Cité » (*quo necessitate adstringimur alicuius solvendae rei*). Sous ce profil, Gaius distinguait trois catégories d'obligation : *Obligatio ex contractu, Obligatio ex delicto* et *Obligatio ex variis causarum figuris.*

– *Obligatio ex contractu :* ce sont les obligations qui se fondent sur un contrat.

---

[100] M. VILLEY, *op. cit.*, p. 96.
[101] R. ROBAYE, *op. cit.*, p. 191.

– *Obligatio ex delicto :* c'est une obligation qui dérivait d'un acte illicite et qui entraînait pour le coupable une obligation économique ou pécuniaire.

> En abordant la section consacrée aux obligations qui jaillissent *ex delicto* dans les *Institutes*, il faut noter qu'il ne s'agit pas dans ce contexte d'abord de droit *criminel*... Il s'agit d'actes délictuels privés, générateurs d'une obligation à la charge du coupable envers la victime, sans pourtant qu'il faille confondre cette obligation avec la seule réparation du préjudice causé par le délit, la « responsabilité civile » du droit moderne[102].

Ainsi, les plus importants délits étaient l'*iniuria* c'est-à-dire tout acte contraire au droit, le vol et le dommage causé injustement (incendie d'une maison par exemple).

– *Obligatio ex variis causarum figuris* : ce type d'obligation concerne tous les autres cas qui ne sont pas rangés sous les deux premières catégories ; exemple : la gestion des affaires.

3. 2 – Les contrats ou obligations conventionnelles en droit romain

De nos jours le contrat est un négoce juridique bilatéral. Il s'agit « des *opérations de transfert* de biens ou de services, des *rapports d'affaire,* qui peuvent aussi donner naissance à des obligations[103] ». Cependant, en droit romain, à l'origine, le contrat n'était pas défini comme un accord. Par le terme contracter, les Romains signifiaient le caractère structurel du lien obligatoire bilatéral en tant qu'obligeant un sujet vis-à-vis d'un autre. En ce sens, le

---

[102] A. GAUTHIER, *op. cit.,* p. 71.
[103] M. VILLEY, *op. cit.,* p. 100.

droit romain reconnaissait les catégories suivantes de contrats :

– Contrat réel (lorsqu'on donne une chose). « Ce sont des contrats qui se forment par la remise d'une chose (*res*) qui doit être ultérieurement rendue. L'obligation porte sur cette restitution. Sont des contrats réels, le prêt de consommation (*mutuum*), la fiducie, le dépôt, le commodat ou prêt à usage et le gage. Le premier est un contrat unilatéral de droit strict. Les autres sont des contrats synallagmatiques imparfaits de bonne foi[104] ».

– Contrat verbal (lorsque la stipulation advient par des mots solennels : confection du contrat, réglementation). Acte très formaliste, ce type de contrat se conclut par l'échange d'une question et d'une demande. Dans l'évolution de sa conclusion, la stipulation orale est appuyée par la rédaction d'un écrit qui en constitue la preuve[105].

– Contrat littéral (lorsqu'on a recours à une forme écrite),

– Contrat consensuel (lorsque l'obligation naît d'un consentement échangé par les parties).

C'est à partir de ces quatre catégories que se développera le droit des contrats chez les Romains. Il faut noter que dans le Bas-Empire et dans le droit moderne, « de nouvelles formes de contrat sont enregistrées. N'en prenons pour exemple que le petit traité des contrats synallagmatiques

---

104 J. GAUDEMET, *droit privé romain*, *op*. cit., p. 267.
105 *Ibidem,* p. 265.

contenu au *Digeste,* 19, 5, 5 et dont on discute l'origine exacte[106] ».

Bref, retenons que les institutions juridiques qui nous semblent aujourd'hui des acquis incontournables ont connu une gestation difficile et une évolution à l'époque du droit romain avant d'être fixées telles que nous les connaissons[107]. Aussi, convient-il de reconnaître que :

> Toutes les grandes forces du monde antique semblent donc avoir concouru à la formation historique du droit romain. Le vieux formalisme romain, le rigide respect des libertés individuelles lui ont donné son précieux caractère de certitude, l'ont utilement séparé de la morale aux règles moins précises et toujours discutables. Le sens de la justice, qui a fleuri à Rome à l'époque des grandes conquêtes, l'a rendu relativement apte à satisfaire les besoins de toute société civilisée[108].

En somme, la conjugaison de la logique grecque avec ces brèves remarques relatives aux facteurs de la formation du droit romain donne les signes avant-coureurs de la grande richesse et de l'authentique qualité de l'héritage de Rome aux juristes modernes.

---

106 *Ibidem, op. cit.,* p. 105. Un contrat synallagmatique est un contrat qui comporte une obligation réciproque entre les parties. C'est un mot pris par les Romains aux Grecs.
107 Cf. R. ROBAYE, *op. cit.,* p. 97-100.
108 M. VILLEY, *op. cit.,* p. 49-50.

DEUXIÈME PARTIE

DU DROIT ROMAIN AUX SYSTÈMES JURIDIQUES MODERNES

CHAPITRE I
LA TRADITION CANONIQUE

Dans son ouvrage, *Le droit romain et son apport à l'édification du droit canonique,* Albert GAUTHIER remarque que :

> Historiquement, le droit canon a fait un usage important du droit romain. En conséquence, afin de comprendre en profondeur le système canonique, il ne sera pas inutile de saisir quelque chose de cet ensemble de normes qui a servi pendant des siècles d'instrument technique aux canonistes. C'est cette conviction qui a conduit à la formulation de l'aphorisme célèbre : *Legista sine canonibus parum valet, canonista sine legibus, nihil*[109].

Dans ce but, la section que nous abordons, il ne s'agit pas de donner un traité sur le droit canonique. Notre but est d'étudier comment le droit canonique a contribué à l'édification des systèmes juridiques modernes en mettant en exergue ses rapports avec le droit romain. Le droit canonique est le complexe de normes qui règlent la vie et l'activité de l'Église qui est une réalité sociale et juridique. En d'autres termes, c'est l'ordonnancement juridique de l'Église Catholique, c'est-à-dire l'ensemble des facteurs qui offrent à l'Église la structure d'une société juridiquement

---

[109] A. GAUTHIER, *Le Droit romain et son apport à l'édification du droit canonique*, Université Saint-Paul, Ottawa, 1996, p. 1.

organisée, fruit d'un long processus d'élaboration de plus de deux mille ans[110].

L'objet de ce chapitre est de fournir justement des notions sur le droit canonique qui, comme il est dit plus haut, constitue l'une des deux branches qui ont été qualifiés de droits savants.

> Les normes pontificales pour les facultés ecclésiastiques demandent que les *Institutiones Iuris Romani* fassent partie du programme d'études pour la licence en droit canonique. Des exigences semblables pour les facultés de droit civil en de nombreux pays trouvent leur justification dans le fait que les prototypes de ces *Institutiones,* les *Institutes* de Gaius et de Justinien, écrites précisément pour introduire les étudiants au droit civil, se sont révélées des instruments pédagogiques excellents pour la formation de futurs juristes[111].

Mais l'on peut se poser la question de savoir « pourquoi donc l'Église s'est-elle encombrée d'un système juridique, par ailleurs assez complexe, qui l'a fait apparaître davantage comme une institution de ce monde que comme une réalité d'abord spirituelle[112] ? »

---

[110] Cf. P. LOMBARDIA, *Lezioni di Diritto Canonico. Introduzione Diritto Costituzonale. Parte generale,* Giuffrè Editore, Milano, 1984, p. 1 ; E. SIGNORILE, *Diritto Canonico. Introduzione,* Piemme, Casale Monferrato, 1991, p. 14-16.

[111] A. GAUTHIER, *op. cit.,* p. 1.

[112] E. PETIT, *Pourquoi le droit canonique ?* Parole et Silence, Perpignan, 2013, p. 7.

Section I–La notion de droit

La problématique du droit est présente dans toutes les sociétés de notre époque. Dans cette dynamique, tous les spécialistes, comme le dit Ettore SIGNORILE, pensent que :

> Juridiquement, avec ce terme on indique un complexe de normes qui règle les rapports sociaux d'une société déterminée. L'expérience humaine le perçoit comme une réalité externe qui limite la liberté et l'autonomie de la personne, en expliquant dans la vie quotidienne la force de coercition d'un système organisé de pouvoirs[113].

Ainsi, chaque État possède de nos jours un système normatif propre « et souvent même divers droits sont appliqués concurremment à l'intérieur d'un même État. Certaines communautés non étatiques ont également leur droit : droit canonique, droit musulman, droit hindou, droit juif. Il existe aussi un droit international qui vise à régler, sur un plan mondial ou sur un plan régional, les rapports entre les États et ceux du commerce international[114] ».

1 – La formation du droit canonique

1. 1 – La genèse

Dès les origines, l'Église a développé un droit propre. L'Église primitive a souffert de la part de l'État romain. Les persécutions des chrétiens débutent sous le règne de *Néron* (54-68) et se poursuivent jusqu'à l'édit de Milan en 313.

---

113 E. SIGNORILE, *Diritto Canonico. Intoduzione,* ed. Piemme, Casale Monferrato, p. 13.

114 R. DAVID, C. JOUFFRET-SPINOSI, M. GORÉ, *Les grands systèmes de droit contemporains,* 12e éd., Dalloz, Paris, 2016, p. 14.

Par cet édit, l'empereur Constantin instaure la liberté de culte. Mais il faut attendre l'an 380 pour que dans l'Empire la religion chrétienne soit imposée à tous par l'édit de Thessalonique de l'empereur Théodose Ier. Ainsi :

> Durant l'Antiquité, les emprunts de l'Église au droit romain trouvent leur explication dans le milieu culturel dans lequel l'Église se trouve. De fait, cette influence durant les trois premiers siècles est assez modeste. Au quatrième siècle, cependant il existe déjà une législation impériale ayant pour objet l'Église chrétienne. Pour ce qui a trait aux institutions proprement ecclésiales, nous sommes le plus souvent devant des institutions marquées par l'esprit romain plutôt que confrontés à des emprunts directs au droit séculier[115].

Ainsi, dès cette période, on reconnaît des privilèges à l'Église. Ainsi, les tribunaux des Évêques constitués en vue du règlement des litiges entre chrétiens deviennent des juridictions officielles.

Il faut noter qu'au départ, le droit canonique était un droit interne à l'Église. Après la christianisation de l'Empire, il s'est étendu à l'ensemble de la société civile. Même après la chute de l'Empire romain et la désagrégation du pouvoir royal, son influence demeure très forte.

En effet, en ces périodes :

> Avant d'être théorisée, l'apparition d'un droit est d'abord un fait qui s'installe dans la vie de l'Église. Dès le début de son histoire, celle-ci développe une activité de type juridique. L'Écriture elle-même en porte la mention, notamment avec la réunion du premier « concile » à Jérusalem (*Ac* 15, 6-29) ou avec certaines prescriptions juridiques établies par Saint Paul, en matière matrimoniale (1 *Co* 7, 1-16) ou processuelle (1 *Co* 6, 1-8)[116].

---

[115] A. GAUTHIER, *op. cit.*, p. 3 ; cf. J. GAUDEMET, *Les sources du droit de l'Église du IIe au VIIe siècle,* Sirey, Paris, 1985, p. 69.
[116] *Ibidem, op. cit.*, p. 11.

Le développement de cette activité juridique est donc le produit de la nature même de l'Église définie par le concile Vatican II comme une société organisée hiérarchiquement.

En effet, comme l'exprime Emmanuel PETIT :

> Cette société organisée hiérarchiquement d'une part et le Corps mystique d'autre part, l'assemblée discernable aux yeux et la communauté spirituelle, l'Église terrestre et l'Église enrichie des biens célestes ne doivent pas être considérées comme deux choses, elles constituent au contraire une seule réalité complexe, faite d'un double élément humain et divin. C'est pourquoi, en vertu d'une analogie qui n'est pas sans valeur, on la compare au mystère du Verbe incarné[117].

1. 2 – Les sources du droit canonique

– Les Écritures

Elles constituent les premières sources du droit canonique. Car elles contiennent le droit divin qui est le fondement de toute la législation canonique. Elles ne constituent pas des textes législatifs au sens propre du terme, mais elles contiennent des règles de vie, et donc elles sont plus morales que juridiques. E. MANGENOT en traitant de l'autorité de l'Église au sujet des livres inspirés fait remarquer que :

> Ce ne sont pas eux (les livres), ni leur contenu, qui sont *kanon* ou règle ; ils sont eux-mêmes, au contraire, l'objet d'une action qui les introduit au canon ; ils sont « canonisés » et ils deviennent « canoniques »… (Ainsi, il définit le canon des Écritures comme) la liste ou la collection, réglée par la tradition et l'autorité de l'Église, des livres qui, ayant une origine divine et une autorité infaillible, contiennent ou forment eux-mêmes

[117] E. PETIT, *op. cit.*, p. 7.

la règle de la vérité inspirée par Dieu pour l'instruction des hommes[118].

À partir du IIIe siècle, surtout au IVe siècle, nous avons d'autres sources qui ont permis au droit de l'Église de ne pas être confondu avec la législation impériale. Au sujet du droit de l'Église, le concile Vatican I donne simplement la position des Pères du concile de Trente en décrivant avec autorité en ce qui concerne les livres canoniques que :

> L'Église les tient pour tels non point parce que, composés par le seul travail de l'homme, ils auraient été ensuite approuvés par son autorité, ni non plus seulement parce qu'ils contiennent sans erreur la Révélation, mais parce qu'écrits sous l'inspiration du Saint-Esprit, ils ont Dieu pour auteur et ont été transmis comme tels à l'Église.

– Les décrétales pontificales

« Une activité législatrice des papes se développe aussi à l'occasion de la réponse qu'ils apportent aux questions soulevées par des évêques ou supérieurs religieux[119] ». Ainsi, les réponses données par le pontife romain aux évêques, princes ou laïcs à propos d'affaires particulières qui posent problème portent le nom de décrétales pontificales. À l'origine, la réponse ne concernait que l'auteur de la demande, mais l'autorité reconnue au pontife romain va très vite conférer une valeur générale à sa réponse.

> Nous avons les décrétales de Grégoire IX (1234), le *Sexte* (1298) ou *Liber sextus* (désigné par le chiffre VI) du pape Boniface VIII, les Clémentines (1317) du pape Jean XXII, les Extravagantes de Jean XXII, puis les Extravagantes communes

---

[118] E. MANGENOT, « Canon des livres saints », in *Dictionnaire de théologie catholique,* t. II, IIe partie, Paris, 1932, col. 1551 et 1554.
[119] E. PETIT, *op. cit.,* p. 13.

qui sont des décrétales antérieures à 1484 collectées par l'éditeur Jean CHAPPUIS au XVIe siècle[120].

Comme le dit Emmanuel PETIT :

> Le cœur du *Corpus* demeure cependant le Décret de Gratien et les Décrétales de Grégoire IX de loin la partie la plus importante et la plus systématique. Les livres successifs ne font que les actualiser. Le *Corpus* n'est plus modifié par la suite. La Bulle *Cum pro munere* de Grégoire XIII, en 1580, fixe le texte du *Corpus* et en interdit la modification[121].

– Les canons des anciens conciles

Les canons des anciens conciles sont les décisions conciliaires ayant force de loi pour l'Église. Les conciles sont des assemblées d'Évêques qui se réunissent pour traiter des problèmes dogmatiques ou disciplinaires. Parmi les tâches confiées au concile figurent celle d'élaborer des lois. Ces normes constitueront plus tard des sources pour le droit canonique.

> L'exemple le plus évident est sans doute celui des symboles de la foi. Les exemples les plus célèbres sont ceux des conciles de Nicée (325) et de Constantinople (381). Mais nous pouvons aussi citer des conciles particuliers comme ceux de Tolède, le IV (633), le VI (638), puis notamment le XI (675), ou des conciles généraux, comme le concile de Latran IV (1215), le concile de Lyon II (1274), le concile de Vienne (1314) ou le concile de Florence*Ibidem, op. cit.,* p. 43. (1442).

C'est une source très importante pour l'activité juridique dans l'Église.

---

[120] E. PETIT, *op. cit.,* p. 19 ; cf. *ibidem,* p. 17-19.
[121] *Ibidem, op. cit.,* p. 20.

– La doctrine des Pères de l'Église

Elle est constituée par la doctrine formulée par les Pères de l'Église qui, par leurs travaux, leurs réflexions, ont expliqué le dogme chrétien. Ils n'étaient pas des législateurs ni même des juristes de profession. Ils n'édictaient pas un droit, mais proposaient des règles de vie en vue du Salut. Cette morale ne devenait un droit positif que lorsqu'elle était reprise dans les sources créatrices du droit, c'est-à-dire les canons des conciles et les décrétales des pontifes romains.

– Les collections

À côté de ces différentes sources ci-dessus mentionnées naissent les premières collections canoniques. En effet, l'ampleur de la législation, sa dispersion dans des sources multiples, rendait difficile sa connaissance et son application. Un travail de regroupement s'imposait. C'est pourquoi des ecclésiastiques prirent l'initiative de réunir les textes qui leur semblaient importants dans des recueils appelés *Collections canoniques.*

Parmi les collections canoniques, il y a les pénitentiels qui contiennent la liste des péchés avec pour chacun d'eux le tarif de pénitence imposée (jeûne, pèlerinage, œuvre de charité…). Les collections regroupent autour d'un thème, toutes les options émises dans les textes. Tout ce travail « est finalement repris et systématisé avec l'élaboration du *Corpus Iuris Canonici.* Ce dernier correspond à une époque de renouveau juridique, grâce notamment à la redécouverte du droit romain. Cela permet un enrichissement important du raisonnement juridique. Dans le même temps, notamment depuis la réforme grégorienne, la papauté affirme son autorité par rapport au pouvoir civil et au pouvoir des évêques[122] ».

---

[122] E. PETIT, *op. cit.*, p. 14-15.

En effet, aux XIe et XIIe siècles, il apparut nécessaire de réunir et d'ordonner ces différentes sources. L'œuvre a été réalisée par un moine du nom de Gratien (juriste de Bologne) vers 1140[123]. « Gratien, en bon professeur, décide donc de réaliser une sorte de *compendium* du droit canonique[124] ». Cet abrégé du maître Gratien est dénommé *Concordia discodantium canonum* (concordance des canons discordants). Cet ouvrage appelé *Décret de Gratien* fut d'une grande utilité pour les clercs, les juges ecclésiastiques et les praticiens du droit et fait rapidement autorité en la matière. Il a favorisé la diffusion et la connaissance du droit canonique. Mais il s'est révélé insuffisant parce que la législation des pontifes s'est multipliée aux XIIe et XIIIe siècles. C'est pourquoi les Souverains Pontifes eurent à plusieurs reprises le souci de rassembler l'ensemble des décrétales qu'ils avaient promulgué pour les authentifier et faciliter leur consultation. L'ensemble forme le *Corpus Iuris Canonici* (Corps de droit canonique).

Notons pour terminer que de nos jours, prennent place à côté de ces sources le CIC de 1917 ou Code Pio-Bénédictin, le CIC de 1983 ou Code de Jean-Paul II pour l'Église latine, le Code des Canons pour les Églises orientales (CCEO promulgué le 18 octobre 1990) et la Constitution apostolique *Pastor Bonus* sur l'organisation de la curie romaine du 25 juin 1988. Nous n'ignorons pas toute l'activité juridique des différents organes inférieurs de l'Église. Il faut dire que :

> Le droit de l'Église est toujours le reflet d'une ecclésiologie, comme nous l'avons déjà évoqué précédemment à propos du *Corpus Iuris Canonici*. Le droit, comme la théologie dans son domaine, est toujours au service d'une conception de l'Église. S'il a défendu la primauté de Pierre, il met en avant aujourd'hui

---

[123] Cf. *ibidem, op. cit.*, p. 15.
[124] *Ibidem, op. cit.*, p. 15.

le service de la communion. Si la première codification a été technique, la seconde a d'abord été réformatrice[125].

Section II – Le développement et l'importance de la canonistique

1 – Le développement

Lorsque l'Empire romain va disparaître en Occident, l'Église prendra la relève institutionnelle. À partir du IVe siècle, le droit romain sera influencé par la pensée chrétienne. Mais lorsqu'il y aura la distinction des deux ordres (étatique et ecclésial), le droit de l'Église va se distinguer du droit de l'Empire. Et c'est surtout au Moyen-Âge qu'il a connu une importance considérable *jusqu'à constituer avec le droit romain un droit commun européen.*

Les raisons de son essor résident d'abord dans le fait que comme le droit romain, il est un droit universel en tant qu'il s'applique à tout l'ensemble du monde catholique. Son influence s'étend à tous les domaines de la vie socio-politique et économique. La présence des ministres de l'Église dans la société permet d'encadrer les populations et de régler les relations interpersonnelles. Les tribunaux ecclésiastiques ont étendu leur compétence à de nombreuses causes comme le mariage et ses effets civils.

Par ailleurs, la réforme entreprise par la papauté dès le XIe siècle a restauré l'autorité pontificale et permis l'imposition par l'Église de la loi canonique dans toute l'Europe médiévale.

En outre il faut noter que l'esprit du droit canonique a été un facteur favorable à son essor. L'Église a emprunté beaucoup au droit romain, mais elle a eu le mérite de le transformer et de le conformer à la morale chrétienne. C'est

[125] E. PETIT, *op. cit.*, p. 37.

un droit imprégné d'esprit paternaliste et charitable. Car la loi suprême dans l'Église, c'est la Charité et le Salut des âmes comme le prescrit le législateur ecclésiastique au can. 1752 du Code de droit canonique.

2 – L'importance de la canonistique pour le développement du droit

Au Moyen Âge, l'Église était le plus important pouvoir spirituel en même temps que l'organisation la plus étendue et la plus raffinée. Son ordonnancement juridique était le plus puissant à cette époque. Ceci est dû au rapport étroit qu'il y a eu entre le droit romain et les juridictions ecclésiastiques depuis l'Antiquité jusqu'à nos jours :

> Il faut bien remarquer que lorsque les canonistes se réfèrent au droit romain, c'est au droit « civil » qu'ils pensent, le droit du *Corpus Iuris Civilis,* droit d'origine impériale, toujours en vigueur dans l'Europe chrétienne, même si c'est à des titres divers suivant les nations concernées. Il s'agit d'un droit véhiculé par une tradition juridique séculière, tradition savante dont les destinées ont d'ailleurs été liées au droit canonique pendant tout le Moyen Âge[126].

Le droit canonique a emprunté au droit romain, mais celui-ci a été influencé par la législation canonique au niveau du droit public et du droit privé.

Il faut noter que lorsque le droit canonique emprunte au droit romain certaines dispositions, celles-ci cessent d'être du droit romain pour devenir du droit canonique :

> La procédure est sûrement l'un des domaines du droit canonique où l'influence du droit romain a été le plus remarquable. Déjà dans l'Antiquité, on trouve des conciles où l'on a utilisé les principes romains dans la solution de

[126] A. GAUTHIER, *op. cit.,* p. 8-9.

problèmes disciplinaires. L'usage des principes romains réglant la *cognitio extra ordinem* dans un colloque entre donatistes et catholiques en 411 a été mis en relief par les historiens... La législation conciliaire ancienne admet la possibilité de l'appel, vraisemblablement sous l'influence des règles romaines[127].

Donnons quelques exemples d'influence du droit canonique sur le droit romain :

– L'émergence de la souveraineté de l'État romain a été inspirée par la conception du pouvoir pontifical ;

– Le régime des bénéfices ecclésiastiques a contribué au développement du droit dans la fonction publique ;

– Au niveau de la technique de délibération et de vote dans les assemblées politiques, la source d'inspiration a été la technique des milieux ecclésiastiques ;

– De même en matière contractuelle, par souci d'équité et de morale, les romanistes sont allés à l'essentiel comme les canonistes et ont fait prévaloir sur toute autre considération la nécessité de tenir ses promesses. Ils ont fait accomplir un progrès décisif au consensualisme, seule importe la volonté, l'intention des parties ;

– Dans le domaine des juridictions, c'est à l'Église que l'on doit des pratiques totalement inconnues de l'Antiquité païenne à savoir que la justice se rend dans un temple appelé palais et dans des tenues sacerdotales ;

– En outre, le système d'appel (perçu au Moyen-Âge comme le grand avantage de la justice ecclésiastique), issu du droit romain passa grâce à l'Église de Rome aux législations modernes.

---

[127] A. GAUTHIER, *op. cit.*, p. 91.

– Longtemps, le mariage était de la seule compétence de l'Église. De nos jours, certains pays catholiques comme l'Italie considèrent comme civilement valable le mariage religieux : il s'agit là du mariage concordataire issu des accords entre l'Église catholique et la République italienne. D'autres pays comme la France, ont accordé la priorité au mariage civil, mais en adoptant plus ou moins consciemment, certains chapitres importants du droit canonique. Par exemple, tout ce qui concerne les dispenses[128]. Au-delà du mariage, un véritable envahissement par la juridiction ecclésiastique se produit au Moyen Âge, d'abord du fait du justiciable séduit par la perspective de pouvoir faire appel, mais aussi et surtout du fait de l'Église elle-même qui, comme tous les pouvoirs de l'époque, n'était pas insensible aux revenus de l'activité judiciaire.

> Le droit romain a joué un rôle considérable dans l'élaboration technique du droit classique de l'Église, aux XIIe et XIIIe siècles. Non seulement le recueil des *Décrétales* de Grégoire IX, suivant d'ailleurs le *Breviarium* de Bernard de Pavie, emprunte-t-il de nombreuses rubriques au *Corpus Iuris Civilis*, son plan lui-même s'inspire de celui du Codex et du Digeste. Cette importance du droit romain apparaît en particulier dans les *Regulae Iuris* que l'on trouve dans le *Sexte* de Boniface VIII (1298), règles reprises en grande partie du droit romain[129].

Comme nous pouvons le remarquer, le droit moderne est redevable non seulement au droit romain, mais aussi au droit canonique. Leurs principes sont à la base de la formation des systèmes juridiques contemporains. Et

[128] La dispense est un relâchement de la loi afin de rendre un sujet apte à accomplir un acte. Cette pratique très répandue en droit canonique est une étrangeté en droit civil.
[129] A. GAUTHIER, *op. cit.*, p. 7.

comme le fait remarquer le pontife romain Paul VI dans une allocution au tribunal de la Rote :

> On ne peut nier que l'Église, au cours de son histoire, ait emprunté certaines normes à d'autres cultures, au droit romain, pour citer un exemple bien connu de tous, mais qui n'est pas le seul. Il est ainsi notamment pour l'exercice de son pouvoir judiciaire[130].

De la même façon, le pontife romain Jean-Paul II à l'occasion de certains discours avait fait référence au droit romain, en citant par exemple :

> Le juriste romain Ulpien qui proclame que les juristes sont les prêtres de la justice. Dans une allocution du 26 janvier 1984, Jean-Paul II se réfère au *Digeste* pour ce qui a trait à l'autorité de la jurisprudence. Dans la même allocution, le pape cite Innocent III à propos du principe que l'interprétation du droit appartient au législateur, mais ce principe est emprunté à Justinien, comme l'indique la glose des *Décrétales* de Grégoire IX sur le passage d'Innocent III cité par le pape[131].

Comme on peut le constater, le droit romain est toujours présent par ses termes, son vocabulaire et son esprit dans le droit canonique actuel. De la même façon, « les fréquents renvois des canonistes au droit romain dans leur discussion de la juridiction sont une indication de l'importance de la contribution romaine au droit canon dans ce domaine[132] ».

---

[130] *Ibidem, op. cit.,* p. 11.

[131] *Ibidem, op. cit.,* p. 12 ; cf. *Doc. Cath.*, 76 (1979), p. 324-326 ; *Communicationes* 16 (1984), p. 137. Cf. Glose sur *Decret. Greg IX,* V 39, 31.

[132] A. GAUTHIER, *op. cit.,* p. 95.

CHAPITRE II
LA GENÈSE DE L'ÉTAT ET DES GRANDS SYSTÈMES JURIDIQUES MODERNES

Le droit moderne est inséparable de la notion d'État[133] parce qu'il est né avec lui, avec la réforme luthérienne et les conséquences qu'elle entraîna dans toute l'Europe. La naissance de l'État a complètement changé le droit parce qu'elle a révolutionné l'exercice du pouvoir, privé et public. L'État a ramené à lui tous les pouvoirs disséminés de la société féodale ; partout, il a signifié une concentration du pouvoir. Progressivement, l'État est devenu le centre unique du pouvoir politique[134].

Et la genèse des États modernes a eu pour conséquence l'éclatement du droit commun observé surtout au Moyen-Âge. On assiste alors à la formation de nouveaux systèmes juridiques dans le cadre de ces États ou Nations. Ce phénomène commencé dans les derniers siècles du Moyen Âge s'est accéléré aux XVIe-XVIIe siècles pour s'achever à la fin du XVIIIe et au début du XIXe siècles. À cette époque les structures étatiques ont été mises en place et le mouvement des grandes codifications achevé.

---

[133] Cf. V. O. BEAUD, « La notion d'État », *Archives Phil. dr.*, vol. 35 (1990), p. 119-141 ; « État », TDA 1, p. 207 s.

[134] M. C. PONTHOREAU, *droit(s) constitutionnel(s) comparé(s)*, Economica, coll. « Corpus droit public », 2010, p. 324. E. ZOLLER, *op. cit.*, p. 13.

Dans la formation du droit public des nouvelles entités, on a puisé largement dans l'édifice juridique romain, surtout celui de l'époque impériale. Dans le secteur du droit privé, l'action des États-nations a permis l'éclosion de droits nationaux fondés eux aussi sur les institutions juridiques romaines. À la faveur des transformations politiques survenues au cours de l'histoire, « ces droits ont acquis la physionomie que nous leur connaissons aujourd'hui ».

Ainsi, avec la naissance des États, nous avons une multiplicité de droits. Chaque État possède son droit, son système juridique. Même les communautés non étatiques ont leur système juridique propre. Et au niveau international nous avons le droit international qui a pour but de régler les rapports entre les États ; il existe aussi un droit international privé. Cependant, cette multiplicité de droits n'est pas un obstacle au regroupement des droits en familles :

> La diversité des droits est infinie, si l'on considère la teneur et le contenu de leurs règles ; elle est moindre, en revanche, si l'on envisage les éléments, plus fondamentaux et plus stables, à l'aide desquels on peut découvrir les règles, les interpréter, et en préciser la valeur. Les règles peuvent être infiniment variées ; les techniques servant à les énoncer, la manière de les classer, les modes de raisonnement employés pour les interpréter se ramènent au contraire à certains types, qui sont en nombre limité[135].

Certes, le droit comporte des éléments variables, mais aussi des éléments constants. Dans cette perspective, notre exposé comporte trois points au niveau de son articulation structurelle :

---

[135] R. DAVID, C. JAUFFET-SPINOSI, M. GORÉ, *op. cit.*, p. 15-16.

1. La naissance de l'État moderne ;

2. Les mouvements de codification ;

3. Les systèmes juridiques modernes.

Section I – La naissance de l'État moderne

C'est au XIIIe siècle en Angleterre et en France que le processus de formation de l'État moderne a commencé. Les formes anciennes de domination politique connaissent leur déclin au moment où « se sont constituées des institutions étatiques reposant sur des bases territoriales et ethniques homogènes dont les progrès sont allés de pair avec ceux du sentiment national ». Dans ces nouvelles formes de communautés politiques, on peut reconnaître les premiers signes avant-coureurs de l'État moderne. Il s'agit notamment des deux éléments caractéristiques de l'organisation étatique contemporaine : la *souveraineté* et la *Constitution.* On n'ignore pas les autres éléments constitutifs de l'État que sont le territoire, la population et l'organisation politique du gouvernement.

1 – La souveraineté de l'État

1.1- Notion de souveraineté

Pour comprendre ce qu'est l'État, le professeur Denis BARANGER pense qu'il est recommandable de passer par l'analyse de certaines notions, dont la souveraineté constitue un caractère important auquel certains accordent un rôle central et d'autres tendent à limiter l'importance[136]. En fait :

> La souveraineté présente un double visage : d'un côté, elle désigne le pouvoir qui est exercé au sein de la communauté politique, de manière à garantir son intégrité et celle des individus qui la composent. De l'autre, elle désigne le caractère de cette communauté politique saisie comme institution juridique, parce que la nécessité se fait sentir d'attribuer à ce *corps politique* des prérogatives et des obligations[137].

Mais en remontant à la formation du terme, nous pouvons lire sous la plume du professeur Jean-Louis THIREAU ce qui suit :

> La formation de la notion de souveraineté est la conséquence directe de la renaissance du droit romain, qui, s'il ne l'avait pas clairement dégagée, contenait déjà en germe les éléments. En les rassemblant, à partir des XIIe – XIIIe siècles, la doctrine a construit puis systématisé la théorie de la souveraineté, avant de la renforcer par le recours au droit divin[138].

Et depuis l'avènement des États modernes, elle constitue l'élément fondamental de l'État. C'est le premier critère de son émergence, car c'est elle qui assure son indépendance et sa supériorité. Dans cette dynamique, lorsqu'on parle de souveraineté de l'État, on veut signifier « la puissance suprême et inconditionnée dans laquelle l'ordre international reconnaît un attribut essentiel de l'État, mais qui est aussi reconnue, par exception, à certaines

---

[136] Cf. D. BÉRANGER, *Le droit constitutionnel,* 6e édition, PUF, Paris, 2013, p. 35.
[137] *Ibidem,* p. 35-36.
[138] J.-L. THIREAU, *op. cit.,* p. 156.

entités[139] ». Ainsi, la souveraineté de l'État peut être définie comme le droit exclusif d'un État d'exercer l'autorité politique sur un peuple ou sur une zone géographique déterminée. Il faut reconnaître que le concept est apparu dans l'histoire avec celui d'État au Moyen-Âge. Et au départ, le souverain est une personne, c'est-à-dire un représentant de l'État, le prince, le roi ou l'empereur. C'est bien après que la notion s'est détachée du représentant de l'État pour devenir un concept théorique et s'est inscrite dans les logiques étatiques modernes. On peut déjà deviner les sources romaines du concept eu égard à l'origine du terme. Juridiquement, il faut retourner aux travaux de Jean BODIN qui note que la « souveraineté est la puissance absolue et perpétuelle d'une République [...], c'est-à-dire la plus grande puissance de commander ».

1.2- Fondement romano-canonique

Le concept de souveraineté plonge ses racines dans le droit romain et le droit canonique. C'est le droit romain qui a fourni à la notion ses éléments essentiels qui seront renforcés par le droit divin[140]. Dans le *Digeste* on peut relever les éléments suivants : *Auctoritas* (autorité), *Majestas* (majesté), *Plenitudo potestatis* (plénitude de pouvoir ou plein pouvoir), *Summum imperium* (charge suprême ou fonction suprême). Ce sont des termes juridiques qui expriment la puissance et la supériorité de l'empereur. Ces termes entrent dans la composition de la notion de souveraineté et permettent à la doctrine d'attribuer à l'empereur une indépendance complète qui sera reconnue plus tard aux nouvelles entités politiques, les

---

[139] G. CORNU (sous la dir. de), *Vocabulaire juridique,* 3e édition, PUF, Paris 1992, p. 777.
[140] Cf. J.-L. THIREAU, *op. cit.,* p. 156.

États modernes. La notion donne à l'autorité royale et à l'État un fondement solide. Le prince est supérieur à tous et possède l'*imperium* sur tous les habitants. Dans cette dynamique :

> Face au souverain, il n'existe ni vassaux ni manants, mais uniformément des sujets : transformation politique et juridique profonde, qui rejetait les relations féodo-vassaliques dans le domaine privé et ouvrait la voie à l'État moderne[141].

Même si le principe et les conséquences de la souveraineté n'ont pas été acceptés par tous aux XIVe et XVe siècles, cependant une systématisation de la souveraineté a fait son chemin grâce au jurisconsulte Jean BODIN. En effet, il est le premier à montrer la fonction sociale de la souveraineté et à dégager ses caractères essentiels. Pour lui, la souveraineté est la puissance absolue et perpétuelle d'une République. D'où vient que la souveraineté est indivisible, elle ne se partage pas[142].

La notion de souveraineté a emprunté aussi des éléments au droit divin. Tout pouvoir vient de Dieu. Aussi la légitimité du pouvoir politique est-elle fondée sur Dieu. C'est une conception qui a nourri la monarchie de droit divin et a servi de fondement à l'État souverain moderne. Sur ces bases, la souveraineté de l'État est comprise aujourd'hui comme une autorité interne et externe.

2 – La constitution de l'État

À l'époque, l'État royal était doté d'une constitution, c'est-à-dire un corps de règles supérieures qui définissait de façon immuable la transmission et les critères d'exercice du pouvoir. Dès les derniers siècles du Moyen Âge, le terme a

---

141 *Ibidem*, p. 159.
142 Cf. *ibidem*, p. 162.

été précisé et défini sous l'influence de l'Église et des droits savants. Pour dégager l'idée de constitution, on a dû faire la distinction entre la fonction qui appartient à la communauté dans son ensemble et celui à qui elle a été confiée. La constitution définissait les rapports juridiques entre le roi et l'État. Ce n'était pas une constitution écrite comme celle que nous connaissons aujourd'hui. Elle était basée sur la coutume, d'où l'appellation *constitution coutumière.*

Toutes ces notions ont contribué à forger les constitutions modernes qui contiennent les lois fondamentales des États modernes. En effet, dans la constitution coutumière, il y a les règles qui organisent la dévolution du pouvoir et d'autres qui assurent la continuité et la primauté de l'État[143]. Ainsi, de nos jours, la constitution dans son acception moderne est :

> L'ensemble des règles suprêmes fondant l'autorité étatique, organisant ses institutions, lui donnant ses pouvoirs, et souvent aussi lui imposant des limitations, en particulier en garantissant des libertés aux sujets ou citoyens[144].

Somme toute, grâce à un triple processus de *dépatrimonialisation,* de *dépersonnalisation* et de *constitutionnalisation,* la personne morale de l'État est devenue supérieure à la personne physique du prince qui doit se soumettre aux lois constitutionnelles. La Constitution est donc le statut juridique de l'État et de son organisation interne d'une part, et d'autre part le régime de garantie des droits du citoyen face à l'autorité de l'État.

Signalons pour terminer que le processus de formation des États a engendré également les droits privés nationaux. Avec l'évolution, les droits supranationaux ont connu un

---

143 Cf. *ibidem,* p. 190-191.
144 G. CORNU, *op. cit.,* p. 195.

déclin au profit de l'affirmation des droits locaux, lesquels se sont unifiés dans un cadre national.

Section II – Le mouvement de codification

La Révolution française de 1789 a été une étape importante dans l'évolution du droit. En effet, le mouvement de réforme politico-institutionnelle commencé vers la fin du Moyen Âge a été renforcé par cette révolution. Dans ce mouvement de réforme, on note également le processus d'unification et de rationalisation du droit. Il s'agit de regrouper l'activité juridique existant en y incluant certains principes issus de la Révolution. D'où le grand mouvement de codification qui a eu comme pointe la promulgation du Code civil.

1 – Les codifications napoléoniennes

1. 1 – La suprématie de la loi

Ce sont les Romains qui ont désigné par le terme *source* les modes de création des règles de droit. Sous la Révolution française, les autres sources de droit, notamment la coutume, ont été dévalorisées au profit de la loi. En effet, pour les grands philosophes du XVIIIe siècle, la loi apparaissait comme le pur produit de la raison et de la volonté. Par contre, les coutumes ayant une origine incertaine constituent, à cause de leurs diversités et de leur complexité, la preuve de l'irrationalité. On ne peut pas se fier à elles.

Par ailleurs, à cause de l'instabilité politique de la période révolutionnaire, on a accordé trop de crédit au pouvoir législatif, un des pouvoirs inspirés de la doctrine de Montesquieu. Cette suprématie de la loi est donc connexe à celle du pouvoir législatif. Somme toute, l'esprit révolutionnaire a poussé à un légicentrisme absolu et a créé par ce fait même les conditions favorables à l'unification et à la codification d'ensemble du droit.

1. 2 – L'élaboration des codes de Napoléon

Comme nous venons de le noter, l'esprit révolutionnaire a favorisé l'unification et la codification du droit. Cependant, il a fallu attendre le XIXe siècle pour voir l'essor des grandes codifications. :

> La codification avait été l'un des souhaits de la Révolution : l'Assemblée constituante du 16 août 1790 avait ainsi prévu qu'il serait fait un code général de lois simples, claires et communes à tout le royaume. Un tel projet nécessitait une volonté politique forte, et aucun des projets proposés par Cambacérès ne put voir le jour. Il a fallu la ténacité d'un Napoléon Bonaparte pour permettre au projet d'aboutir[145] ».

En effet, après les troubles de la Révolution, Napoléon Bonaparte prit le pouvoir ; il fit de la rédaction des codes, en l'occurrence d'un Code civil, un objectif politique prioritaire. Pour réaliser ce projet, il mit sur pied une commission le 13 août 1800. Cette commission est composée de quatre jurisconsultes expérimentés : François Denis TRONCHET, Jean-Étienne Marie PORTALIS, Félix-Julien Jean BIGOT de PRÉAMENEU et Jacques MALEVILLE[146]. La commission a bénéficié des anciens projets qui n'avaient pas abouti. Malgré les difficultés faites

---

145 M. FABRE-MAGNAN, *op. cit.,* p. 28.
146 Cf. M. FABRE-MAGNAN, *op. cit.,* p. 28.

par les opposants de BONAPARTE, les 36 projets de loi du code furent votés après les amendements. Et le Code civil fut promulgué le 21 mars 1804.

Certes, ce code est un monument incontesté de la codification napoléonienne. Mais il n'est pas le seul élément de l'œuvre de Napoléon Bonaparte. Retenons aussi le Code de procédure civile (1806), le Code de commerce (1807), le Code d'instruction criminelle (1808) et le Code pénal (1810). À cause de leur caractère technique, Napoléon n'y a pas travaillé personnellement comme ce fut le cas pour le Code civil.

1. 3 – L'esprit des Codes napoléoniens

Les codifications napoléoniennes se sont inspirées de la législation existante. Elles l'ont adoptée et modifiée pour créer une réglementation exhaustive dans les différents secteurs abordés. Le Code civil a adopté le plan tripartite des *Institutes* de Justinien, c'est-à-dire les personnes, les biens et les procédures. Du point de vue de la forme, l'absence d'originalité est évidente. Sur le fonds, l'esprit de transaction a inspiré les rédacteurs du Code civil. PORTALIS le reconnaît en ces termes :

> Nous avons fait une transaction entre le droit écrit et les coutumes, toutes les fois qu'il nous a été possible de concilier leurs dispositions ou de les modifier les unes par rapport aux autres, sans rompre l'unité du système et sans choquer l'esprit général.

Ensuite ils se sont inspirés des acquis du droit romain.

Par ailleurs, l'origine politique des membres de la commission de rédaction a favorisé l'introduction des idées des différentes sensibilités dans l'esprit du Code. En somme, les différents thèmes abordés se sont basés sur les normes existantes. Quant aux autres Codes napoléoniens, en l'occurrence les plus techniques, ils sont restés tributaires de l'ancien droit.

2 – La codification dans les autres États

Le mouvement de codification commencé avec le Code de Napoléon s'est étendu à une bonne partie de l'Europe et même au-delà.

2. 1 – L'influence des Codes français

En raison de l'Empire français, le code de Napoléon a été imposé aux peuples vaincus. En effet, Napoléon imaginait faire de ce code celui de toute l'Europe. Ainsi, le code a été introduit dans certains États allemands, aux Pays-Bas, en Belgique, au Luxembourg, dans divers États italiens, dans les Cantons suisses et même jusqu'en Pologne.

Cependant, remarquons que la puissance des armes n'était pas le seul facteur d'expansion. L'influence de ce code a été favorisée également par certains juristes des pays vaincus qui avaient de l'admiration pour cette législation et les idéaux politiques de la Révolution. Citons en exemple le cas de la Louisiane (États-Unis) qui confirme cette dernière observation. Cet État des États-Unis s'est doté dès 1808 d'un code appelé communément Code de Napoléon. Même si la chute de Napoléon a marqué un recul du Code civil, son influence se fait sentir cependant en Europe (Pays-Bas, Italie unifiée, Roumanie, Portugal et Espagne).

En Amérique du Nord, en dehors de la Louisiane, on note une certaine influence au Québec. L'Amérique latine a été fortement marquée (Saint-Domingue, Chili, Bolivie et Argentine, etc.).

Au Moyen-Orient, le Code civil français a fait son infiltration par l'intermédiaire de l'Égypte. Le Japon fut également influencé avant l'adoption de la codification allemande.

2. 2 – La codification allemande

L'importance de la codification française reste indéniable. Cependant, elle n'a pas été acceptée partout. L'Allemagne en est un exemple. En effet, c'est en Allemagne que le droit romain vécut le plus longtemps grâce à l'école des pandectistes qui voulaient construire un édifice rationnel à partir des compilations de Justinien. Cet édifice, à leur avis, devait être utilisé par les juges. Et à partir de 1871, l'unification de l'Allemagne a donné naissance au processus de codification du droit allemand. Les rédacteurs du Code civil allemand appelé *BGB* (*Bürgerliches Gesetz Buch*) réussirent à allier le droit romain aux coutumes, mais aussi aux importantes avancées doctrinales du XIXe siècle (c'est-à-dire d'une société occidentale confrontée à l'ère de l'industrialisation). Plus moderne, la codification allemande a été adoptée en août 1896. Elle est entrée en vigueur le 1er janvier 1900. Elle a eu une forte influence internationale (Japon, Suisse, Grèce, Autriche, Union soviétique et pays scandinaves).

2. 3 – La problématique de la codification en Afrique et à Madagascar

Dans un article sur la question du droit en Afrique, Kéba M'BAYE observe que :

> La décolonisation, en jetant l'Afrique dans l'aventure de la souveraineté, l'a condamnée à vivre au rythme de son temps. Avec l'aide et la coopération de ses amis et de la communauté internationale, le continent tout entier, en route vers le développement économique et social, se mobilise en

> vue de la recherche de sa formule de vie… Le droit africain devient dès lors, dans sa *conception* et son *évolution,* un domaine privilégié de la recherche et de la réflexion[147].

Ainsi la codification, qui a pour but de regrouper les différentes normes en un *Corpus iuris* pour former un seul recueil de lois, permet-elle aux différents acteurs africains de mettre aussi en ordre les différentes règles, mieux, la législation de leurs États, de réformer leurs lois pour sauvegarder la certitude des normes. Dans les pays d'Afrique et Madagascar, la problématique est très complexe et difficile compte tenu des différentes coutumes liées à une multitude d'ethnies. Le problème ethnique est l'un des écueils qui peuvent bloquer le processus de codification du droit coutumier africain et malgache. Pour réussir la codification, il faut tenir compte de sa conformité à la tradition. C'est dans ce sens qu'une résolution de l'Assemblée malgache prévoit « une législation unifiée, adaptée aux usages des différentes populations de Madagascar et acceptée par elles ». En dehors du problème ethnique, il faut résoudre aussi la question du langage technique juridique. Notons la difficulté d'adoption du langage juridique au sein de la multiplicité de langues que comportent les pays africains.

Par ailleurs, l'analphabétisme est encore très élevé dans ces pays. Comment mettre un code à la disposition d'une population dont une grande partie ne saurait prendre connaissance du contenu ? En outre, formés presque tous dans les universités occidentales, les juristes africains et malgaches sont obligés de faire constamment une reconversion pour pénétrer leur système de droit coutumier. Car s'ils veulent interpréter les normes selon les catégories

---

147 K. N'BAYE, « droit », in *Encyclopædia Universalis*, T. 1, *Afrique Noire,* p. 521.

occidentales, des erreurs d'interprétation pourraient dévier leur sens.

En conséquence, pour réaliser la codification du droit coutumier des pays d'Afrique et de Madagascar, il faudrait résoudre les différents problèmes ci-dessus évoqués. Car ce sont là autant d'écueils qui bloquent l'évolution du droit en Afrique. On comprend alors que, pris dans le mouvement de modernisation de leurs États, les dirigeants africains optèrent pour la mise en œuvre de systèmes juridiques inspirés par les droits occidentaux, sans toutefois poser la question des conditions d'application du droit. Ce n'est pas en réformant le droit moderne occidental que la pratique juridique des États d'Afrique et de Madagascar sera en adéquation avec la compréhension et la pratique du droit coutumier. En effet, à l'origine, la coutume jouait un grand rôle dans la totalité de la vie sociale en Afrique et à Madagascar :

> Elle fixait les règles d'organisation de la société dans ses aspects politiques et économiques aussi bien dans les rapports de famille ou d'échange entre individus, que dans le droit pénal et la procédure. Le droit traditionnel exprimait, à propos des questions les plus diverses, la conception de l'ordre social qu'entretenait le village ou la tribu. Il n'était pas apte, cependant, à s'accommoder, avec la rapidité nécessaire, au type de société entièrement nouveau qui allait s'imposer au XIXe et au XXe siècle[148].

D'où il ressort que l'Afrique et Madagascar doivent, tout en s'inscrivant dans la réalisation de codes modernes, résoudre les difficultés énumérées et tenir compte des mentalités et des systèmes du droit traditionnel.

---

[148] R. DAVID, *Les grands systèmes de droit contemporains,* 10e édition Dalloz, Paris 1992, p. 455.

3 – Les codes et la science juridique

Ceux qui ont été les prometteurs des codes pensaient être parvenus à un terme, à un édifice éternel. C'est dans cet esprit que Napoléon Bonaparte disait que rien n'effacerait son Code civil parce qu'il vivra éternellement. Or, une fois promulgués, les codes ont fait l'objet de commentaires et d'interprétations donnant parfois un sens et une portée bien différents de ce qu'en pensaient leurs rédacteurs.

3.1- Les codes et la doctrine

Après la promulgation des codes de Napoléon, les juristes français font figure de néo-glossateurs à cause des nombreux commentaires auxquels ils se sont consacrés. Ils avaient voulu être proches de l'esprit des codes. Pour cela, on les a taxés de légicentrisme et nommés des exégètes, c'est-à-dire que leurs commentaires suivaient à la lettre les codes. Avec le temps, on a pris conscience que les codes ne pouvaient pas bloquer la doctrine à cause de leur inadaptation aux idées et aux besoins nouveaux. Il faut donc libérer la fonction créatrice de la doctrine. En ce sens Karl von SAVIGNY pense que le droit doit rester une création de la doctrine. Selon lui, la codification pourrait étouffer la doctrine. Dans la même ligne, une école historique est née en France représentée par Athanase JOURDAN. Cette école propose la nécessité d'une approche historique du droit en vue de sa compréhension complète[149].

Le code français a fasciné beaucoup de monde au XIXe siècle. Cependant, certains auteurs comme François GÉNY demandent de se libérer du code et de la recherche de l'intention du législateur pour considérer le but social de la loi, son utilité et son équité. Au total, les codes ne peuvent

---

[149] Cf. J.-M. CARBASSE, *op. cit.*, p. 336-337.

pas figer le droit. Ce sont des références dont la doctrine doit se servir pour le développement du droit.

3. 2 – Les codes et la jurisprudence

Malgré la codification, la jurisprudence a connu au XXe siècle un essor important. Elle a profité « du cadre favorable que lui offrait l'organisation judiciaire napoléonienne, restée dans ses grandes lignes inchangées pour affirmer une faculté d'interpréter les lois qui ne lui était plus contestée, mais aussi de les compléter et même de les corriger ». Dans cette perspective, les tribunaux ont fait appel à d'autres sources comme le droit naturel, les principes généraux du droit et l'histoire dans le développement de leurs activités.

Les arrêts de la Cour de cassation exprimaient une véritable doctrine, commentée par les juristes. Cet intérêt croissant pour la jurisprudence trouve un appui dans la création de grands recueils, de périodiques et de nombreuses revues généralistes (le *Journal du Palais*, le *Journal* des Audiences, le Bulletin des arrêts du Conseil d'État). Au XIXe siècle, la jurisprudence a contribué d'une façon remarquable au développement du droit.

3. 3 – Les codes et l'avenir du droit

Le phénomène juridique est dynamique et ne saurait être confiné dans le cadre de recueils précis et éternels. Avec l'évolution du monde, de nouvelles situations apparaissent et nécessitent des transformations au niveau des normes et donc des codes. Le droit des affaires par exemple supporte mal d'être enfermé dans des cadres trop rigides. En ce sens, les codes napoléoniens ont subi des transformations, certains ont même disparu au profit d'autres, plus modernes. Même le Code civil n'a pas échappé au déclin eu égard aux changements sociopolitiques. En effet, les réformes qui interviennent au niveau politique et social jouent énormément sur les normes d'une société.

Au regard des lignes ci-dessus, nous pouvons dire que les « codes n'ont pas arrêté la marche du droit, tout au plus ont-ils contribué à la ralentir. Leur résistance à l'usure du temps a été proportionnelle à leur qualité : les plus médiocres ont été rapidement dépassés ». En somme, malgré l'importance des codes, ils ne pourront jamais limiter le droit qui évolue avec les transformations sociopolitiques, économiques et culturelles.

Section III – Les grands systèmes juridiques modernes

Le professeur CONSTANTINESCO affirme dans son *Traité de droit comparé* que :

> La fausseté de l'idée d'un droit absolu et universel a toujours été plus fortement ressentie par l'histoire du droit et par le droit comparé… Tout droit dépend des conditions historiques, sociales, économiques et politiques, propres à la société concernée. La conséquence en est que les conditions n'étant ni partout ni toujours les mêmes, le droit positif varie de façon nécessaire dans l'espace et dans le temps… La relativité du droit, évidence pour le droit comparé, se manifeste d'abord dans l'espace[150].

Dans cet ordre d'idées, avec la naissance des États modernes, on a vu fleurir une multiplicité de droits. Chaque État possède son droit, son système juridique. Même des

[150] CONSTANTINESCO, cité par C. BEAUDET, *Introduction générale et historique à l'étude du droit,* Paradigme CPU, Barcelone, 2002, p. 87.

communautés non étatiques ont leur système juridique. Et au niveau international, nous avons le droit international qui a pour but de régler les rapports entre les États ; il existe également de nos jours, comme nous l'avons noté ci-dessus, un droit international privé.

Cependant, cette multiplicité des droits n'est pas un obstacle au regroupement des droits en familles. Certes, il y a des éléments variables, mais aussi des éléments constants dans le droit. Cette section nous permettra de parcourir les familles de droit romano-germanique, de *common law*, des droits socialistes, les *systèmes* juridiques africains et malgache, et les droits religieux.

1 – La famille romano-germanique

Le système du droit romano-germanique est né dans l'Europe continentale et regroupe les pays dans lesquels la science du droit s'est formée sur la base du droit romain et notamment sur les *Compilations* justiniennes. La tradition ou famille romano-germanique, encore appelée *famille romaniste,* regroupe les pays de *civil law* ou droit civil[151]. Et comme l'observe R. DAVID :

> La famille romano-germanique a derrière elle une longue histoire. Elle se relie au droit de la Rome ancienne, mais une évolution plus que millénaire a éloigné de façon considérable non seulement les règles de fond et de procédure, mais la conception même que l'on entretient du droit et de la règle de droit de ce qui était admis au temps d'Auguste ou de Justinien… Ils n'en sont en aucune façon la copie, d'autant plus que beaucoup de leurs éléments proviennent de sources autres que le droit romain[152].

---

[151] T. RAMBAUD, *Introduction au droit comparé. Les grandes traditions juridiques dans le monde,* PUF, Paris 2014, p. 55.
[152] R. DAVID, *op. cit.,* p. 25

En effet :

> Une renaissance du droit s'opère dans l'Europe continentale qui prend un nouvel essor à partir du XIIe siècle. Le développement des villes et du commerce ainsi que la laïcisation de la société civile (désormais plus nettement distinguée du monde des clercs) y concourent largement. Les universités jouent un rôle de premier plan dans cette renaissance, notamment celle de Bologne[153].

Aujourd'hui encore, c'est cette Europe continentale qui constitue son lieu de développement et d'application. Le qualificatif romano-germanique veut rendre hommage aux universités des pays latins et germaniques qui ont permis son développement[154].

Une des caractéristiques de cette famille de droit est son attachement à la loi écrite. Les pays appartenant à ce groupe possèdent des codes dus à la réception de la technique juridique de la codification héritée du droit romain. Ainsi :

> La tradition romano-germanique regroupe les traditions juridiques qui font techniquement dépendre les solutions juridiques dans un cas d'espèce de la loi écrite ou de la codification (*codicem facere*). Cette codification renvoie tant à l'opération de rassembler dans un même document, selon un plan ordonné et une logique d'ensemble, l'intégralité des dispositions juridiques qui régissent une matière déterminée que le résultat de cette entreprise de regroupement[155].

Par la colonisation et un phénomène de réception volontaire, cette famille s'est étendue à plusieurs pays du monde, en particulier toute l'Amérique latine, une grande partie de l'Afrique, les pays du Proche-Orient, le Japon et

---

[153] C. BEAUDET, *op. c, it.*, p. 87.
[154] Cf. R. DAVID, *op. cit.*, p. 16-27.
[155] T. RAMBAUD, *Introduction au droit comparé. Les grandes traditions juridiques dans le monde,* PUF, Paris 2014, p. 56.

l'Indonésie. Cependant, chaque État possède son droit propre à l'intérieur de ce grand groupe. En effet :

> Les droits [des pays] qui se rattachent à la famille romano-germanique [ont certes reçu] les droits européens. Mais il existait dans ces pays, avant que cette réception n'ait lieu, une civilisation autochtone, comportant une certaine manière de voir ou de se conduire et certaines institutions. La réception n'a souvent été, dans ces conditions, que partielle, divers secteurs des relations juridiques (notamment le « statut personnel ») demeurant régis par les principes traditionnels[156].

Justement, les civilisations et les traditions étant différentes, même si par la colonisation ou par la réception volontaire le droit romain a envahi les pays de la famille romano-germanique, ces différents peuples doivent maintenir leur génie propre en matière de droit tout en restant ouverts aux éléments et techniques de cette famille de droit qui a conquis le monde depuis le XIIIe siècle.

2 – La famille du Common Law

La deuxième famille de droit est celle de la Common Law ou *Commune ley* appelé encore dans le jargon normand *Law French* jusqu'au XVIIe siècle en Angleterre. Au départ, la « Common Law, c'est, par opposition aux coutumes locales, le droit qui est commun à toute l'Angleterre[157] ». Ainsi qu'on le lit sous la plume de Christian BEAUDET :

> La *common law* est le droit commun que le pouvoir politique impose à toute l'Angleterre après la conquête de l'île en 1066 par Guillaume le Conquérant. Œuvre des juges du roi, cette *common law* se substitue aux coutumes locales de façon progressive, par extension des compétences des

[156] R. DAVID, *op. cit.*, p. 18 ; cf. T. RAMBAUD, *op. cit.*, p. 57.
[157] R DAVID, *op. cit.*, p. 248.

juridictions royales et effacement progressif des autres juridictions qui ne conservent que les affaires de moindre importance[158].

Née donc en Angleterre, elle regroupe le droit de ce pays et les droits qui se sont modelés sur le droit anglais, en l'occurrence le droit des États-Unis, du Canada et des pays de langue anglaise[159]. Néanmoins, il existe quelques rares exceptions où la langue utilisée est le français au Canada, l'afrikaans en Afrique du Sud, l'hébreu en Israël. Mais il faut vraiment dire qu'« il existe une relation intime entre anglophonie et *common law*, car tous les concepts et constructions intellectuelles s'expriment dans cette langue[160] ».

Au regard des autres familles de droit, elle a des caractéristiques bien précises. Il faut noter avant tout que le droit de Common Law est un droit concret formé par les juges en vue de régler les litiges particuliers.

Le juge anglais n'interprète pas la règle de droit préétablie, mais recherche, à partir de la méthode retenue par un juge dans une affaire similaire, la solution adaptée au litige qu'il rencontre. La solution qu'il dégage pourra alors, à son tour, constituer une nouvelle *legal* rule[161] ». Ces règles sont moins abstraites que celles de la famille romano-germanique, et visent à donner des solutions aux procès. Voilà pourquoi elles ne formulent pas des normes générales. Dans cette famille de droit :

> Les règles concernant l'administration de la justice, la procédure, la preuve, et celles concernant l'exécution des décisions de justice ont aux yeux des common lawyers un

---

[158] C. BEAUDET, *op. cit.,* p. 91.
[159] *Ibidem,* p. 18-19 et 251.
[160] T. RAMBAUD, *op. cit.,* p. 105.
[161] C. BEAUDET, *op. cit.,* p. 93. Comme l'affirme l'auteur, « le *legal rule* britannique se définit comme la portée d'une décision de justice prise par une cour supérieure à l'occasion d'une affaire donnée », p. 93.

intérêt légal, sinon supérieur, aux règles concernant le fond du droit, leur préoccupation immédiate étant de rétablir l'ordre troublé et non d'établir les bases de la société[162].

C'est un droit lié à l'origine au pouvoir royal, parce que dérivant de l'action des cours royales de justice, et donc c'est un droit public. Cette famille a connu les mêmes raisons d'expansion, c'est-à-dire la colonisation et la réception volontaire. Mais :

> Ce développement de la *common law* a entravé l'essor du droit romain et donné à la procédure un rôle essentiel. L'enseignement du droit, tel qu'il apparaît notamment dans les *Year Books* du Moyen Âge, privilégie la connaissance de la règle de procédure et paraît négliger les solutions de fond données aux litiges. De plus, l'action s'apparente le plus souvent à une action publique, même fictive, puisqu'elle prend pour point de départ un *writ* accordé au demandeur par le roi, à charge pour ce demandeur d'en établir le bien-fondé devant les juges[163].

Par ailleurs, il convient de souligner le dualisme du droit anglais reposant essentiellement sur les jugements rendus selon la *common law* et l'*equity* c'est-à-dire conformément au droit commun et à des règles morales, « très largement influencées par le droit canonique[164] ». Les règles d'*equity* permettent de corriger les insuffisances des jugements selon les règles de *common law*. Ainsi, l'*equity* est une technique de correction de la *common law* dont il devient complémentaire[165] ; d'où la structure dualiste du droit anglais. Car, « à côté des règles de la common law, qui sont l'œuvre des Cours royales de Westminster, dites aussi Cours de *common law*, il comporte des *remèdes d'equity*,

---

[162] *Ibidem,* p. 18.
[163] C. BEAUDET, *op. cit.,* p. 91.
[164] *Ibidem, op. cit.,* p. 91.
[165] Cf. *Ibidem, op. cit.,* p. 91.

qui permettent d'apporter des compléments et des retouches aux règles de la common law[166] ».

Notons cependant que la famille de la *common law* et la famille romano-germanique ont des contacts entre elles, et ont subi toutes deux l'influence de la morale chrétienne et des doctrines philosophiques. Tout en gardant son système propre, marqué par la prééminence de la jurisprudence, la loi joue un rôle de plus en plus important dans cette famille.

3 – La famille des droits socialistes

Jusqu'en 1989, les droits socialistes constituaient le troisième groupe de familles ayant des caractéristiques distinctes des deux précédentes. En effet :

> Les pays du camp socialiste étaient tous des pays qui jadis avaient un droit appartenant à la famille romano-germanique. Ils en avaient conservé certaines caractéristiques : ainsi la règle de droit y était considérée comme une règle générale de conduite, les divisions du droit et la terminologie des juristes étaient restées dans une très large mesure le produit de la science juridique édifiée sur la base du droit romain par l'œuvre des Universités européennes[167].

La famille des droits socialistes a comme berceau l'Union soviétique où un droit original s'est développé depuis la révolution d'octobre 1917. En effet :

> Avec la conquête par les communistes du pouvoir, une révolution de grande portée a été opérée [...]. Toutes les manières de voir, toutes les institutions ont été soumises à la critique, et elles ont été le plus souvent répudiées ou transformées, à la lumière d'une doctrine, le marxisme-

---

[166] R. DAVID, *op. cit.*, p. 259.

[167] R. DAVID, *op. cit.*, p. 20.

léninisme, qui est venue à être considérée comme l'expression indiscutable de la vérité[168].

Dans cette vision, on comprend alors que le droit soit considéré comme une superstructure, parce qu'il est au service de la classe dominante ; c'est un instrument dans la lutte des classes. D'où une nouvelle vision du droit avec des caractéristiques précises.

Les pays qui ont adopté le système juridique de cette famille appartenaient au groupe romano-germanique dont ils ont conservé certains principes. Ainsi :

La règle de droit y est toujours considérée comme une règle générale de conduite ; les divisions du droit et la terminologie des juristes sont restées, dans une très large mesure, le produit de la science juridique édifiée sur la base du droit romain par l'œuvre des Universités européennes[169].

Malgré les nombreuses similitudes que l'on peut noter, il existe des particularités qui font de ce groupe, une famille à part entière. En effet, la source exclusive des droits socialistes réside dans l'action révolutionnaire du législateur. Ainsi, à partir de la philosophie marxiste-léniniste qui est à la base de ce système, le droit privé a perdu sa prééminence au profit du droit public[170]. Cette famille a conquis les pays de l'Europe centrale et les Balkans d'une part, et d'autre part la Corée du Nord, le Vietnam et Cuba, et certains États africains. Mais avec la chute du mur de Berlin et le renouveau qui s'ensuit, il ne faudrait pas exclure un changement dans ces pays, suivi éventuellement d'un retour au système romano-germanique pour ceux d'entre eux qui en avaient l'expérience de la pertinence.

---

[168] *Ibidem, op. cit.,* p. 134.

[169] R. DAVID, *op. cit.,* p. 19-20.

[170] Cf. *Ibidem,* p. 20.

En effet :

> L'effondrement du système de droit socialiste en URSS a entraîné des réformes juridiques d'une ampleur exceptionnelle. La volonté de doter la Russie d'une économie de marché, d'institutions démocratiques, et de conférer aux citoyens plus de droits et de libertés a fait apparaître des problèmes nouveaux et a nécessité une réforme de l'ensemble du droit russe. Les juristes ont été conscients d'un vide juridique ou d'une adaptation des règles jusqu'alors appliquées[171].

La démocratisation du pays a permis aux Russes une ouverture sur le plan international avec des réformes qui, cependant, n'ont pas coupé le cordon ombilical d'avec un nationalisme juridique. Au regard des affirmations ci-dessus, la Fédération de Russie appartient ainsi à la famille romano-germanique tout en maintenant dans le domaine bancaire et financier une influence de la *Common Law*[172].

En dehors de ces trois grands systèmes, il en existe encore d'autres dont nous retiendrons deux qui intéressent les juristes en général, et les juristes africains en particulier : les systèmes adoptés en Afrique et à Madagascar, et les systèmes religieux. Il est vrai que s'agissant de l'Afrique et Madagascar, il n'est pas question de système au sens propre du terme. Les lignes qui suivent vont nous apporter des précisions à cet égard.

4 – Les systèmes juridiques africain et malgache

Les pays africains et Madagascar n'ont pas un système juridique propre. Car le droit africain et malgache est un droit coutumier :

---

171 R. DAVID, C. JAUFFRET-SPINOSI, M. GORÉ, *op. cit.*, p. 199.
172 *Ibidem, op. cit.*, p. 200-202.

> L'obéissance à la coutume était spontanée, chacun se croyant obligé de vivre comme avaient vécu les ancêtres ; la crainte de puissances surnaturelles, celle de l'opinion suffisaient le plus souvent à imposer le respect des manières traditionnelles de vivre. Une organisation plus ou moins complexe permettait de régler les conflits ou de déterminer une règle de conduite si les circonstances posaient un problème nouveau à la communauté[173].

Cependant, par l'effet de la colonisation, les systèmes juridiques de l'Occident et des pays socialistes ont fait irruption dans les pays africains et Madagascar. On y rencontre alors la famille romano-germanique, la famille de *common law* et la famille des droits socialistes. Lorsque nous prenons par exemple l'Afrique noire et Madagascar, nous remarquons une forte expansion de la famille de droit romano-germanique. De même, la République d'Afrique du Sud appartenait avant son annexion par l'Angleterre, à la famille de droit romano-germanique[174].

Remarquons que pendant la colonisation :

> L'attitude des Anglais d'une part, des peuples latins d'autre part, a été dans son principe, différente. Les Français, les Espagnols, les Portugais ont eu une politique d'assimilation, fondée sur le double postulat de l'égale valeur de tous les hommes et de la supériorité de la civilisation européenne sur les autres mœurs africaines. […] Les Anglais ont eu au contraire une politique d'administration indirecte[175] (*indirect rule*).

En effet :

> La politique anglaise, soucieuse d'exploiter paisiblement les richesses coloniales et de maintenir séparées deux civilisations très différentes, sans exclure l'idée de supériorité

---

[173] R. DAVID, C. JOUFFRET-SPINOSI, M. GORÉ, *op. cit.*, p. 483.
[174] Cf. *Ibidem*, *op. cit.*, p. 58.
[175] *Ibidem, op. cit.*, p. 454.

des principes fondamentaux de la société européenne, aboutit de façon pragmatique, dans le domaine du droit, à la conservation des coutumes. En réalité, il était naturel que le droit anglais, essentiellement coutumier, respectât les coutumes locales[176].

Dans un cas comme dans l'autre, les pays colonisés étaient contraints à s'inscrire dans les systèmes juridiques reçus de leur métropole. Car comme le fait remarquer Kéba M'BAYE :

> Avant le contact avec l'islam et le christianisme, l'Afrique était terre de paganisme. L'univers africain était et est encore aujourd'hui peuplé par des dieux et par les esprits des ancêtres morts. Ils participent continuellement à la vie du groupe par des manifestations directes ou par l'intermédiaire des prêtres fétichistes… Le droit est avant tout un ensemble de règles de conduite obligatoires, impératives et catégoriques, auxquelles il est dangereux de désobéir[177].

Dans ce sens, on comprend alors qu'avec la colonisation les données vont changer, et avec les indépendances certains pays africains adoptèrent le droit de leurs anciens maîtres et d'autres, le droit des pays socialistes basé sur la doctrine philosophique marxiste-léniniste.

Ainsi ces trois grands systèmes cohabitent-ils avec le droit coutumier et rendent-ils difficile l'application du droit en Afrique et à Madagascar où la cohésion de la communauté laisse peu de place à l'individualisme. Dans cet ordre d'idées, nous sommes d'avis avec ceux qui pensent que le droit en Afrique et à Madagascar aujourd'hui doit être repensé. Car pour être mis au service de leur développement, toutes autres considérations sont secondaires par rapport à cet objectif principal[178]. Après

---

[176] Cf. *Ibidem, op. cit.,* p. 58.
[177] *Ibidem,* p. 521-522.
[178] Cf. R. DAVID, *op. cit.,* p. 470.

plus d'un demi-siècle de souveraineté nationale et internationale, c'est un domaine urgent dans lequel les États doivent s'investir. Les juristes africains et malgaches doivent toujours avoir à l'esprit que :

> En s'implantant en Afrique, les Européens se sont comportés les uns et les autres conformément à leur génie et à leur caractère. La politique des Latins (Français, Belges, Espagnols et Portugais) était essentiellement fondée sur la « mission civilisatrice » que beaucoup d'entre eux croyaient sincèrement avoir appliquée. Ancré dans sa conviction de supériorité de la civilisation européenne sur toute autre, le colonisateur s'orienta, dans le domaine juridique, vers l'assimilation du droit africain au droit européen[179].

À l'heure de la mondialisation, l'Afrique et Madagascar ne peuvent faire autrement sans rater à jamais le train du développement. Aussi les juristes africains et malgaches doivent-ils s'efforcer par la réflexion, de créer un système adapté aux peuples d'Afrique et de Madagascar, sans oublier les exigences juridiques des États modernes.

5 – Les droits religieux

Certaines religions comme le christianisme et l'islam ont développé un système de droit propre qui règle la vie de leurs communautés. Comme nous l'avons noté, le droit canonique est le droit qui est en vigueur dans l'Église catholique ; ses normes ont un fondement religieux (théologique). Quant à la Sharia, considéré comme le code du droit islamique, c'est un ensemble de règles révélées par Dieu (Allah). Ce droit est également différent du droit des autres familles, parce qu'il comprend un principe immuable

[179] K. M'BAYE, *op. cit.*, p. 522.

révélé par Dieu, tandis que les autres sont élaborés à travers une législation humaine.

5. 1 – Le droit canonique

Nous avons déjà abordé la problématique du droit canonique en lien avec le droit romain et leurs influences réciproques dans le processus d'édification des systèmes juridiques modernes. Dans le cadre de nos réflexions sur les systèmes juridiques religieux, il convient cependant d'en faire une présentation synthétique en vue d'une meilleure compréhension de son esprit. Le droit canonique ou droit ecclésial n'est pas un droit étatique. C'est le complexe de normes qui règle la vie de l'Église catholique. Il ne faudrait pas le confondre avec le droit ecclésiastique qui est une branche du droit public étatique réglementant les domaines ou matières d'intérêt commun à l'État et aux Églises ou, si l'on préfère, aux Confessions religieuses[180]. Étymologiquement, l'adjectif *canonique* appliqué au droit ecclésial dérive du terme *kanon* qui signifie *règle* entendue comme règle de vie. En effet, dans les premiers siècles de l'Église, précisément à partir du Concile de Nicée en 325[181], les *kanones* indiquaient les règles ou normes de la vie ecclésiale et s'opposaient aux *nomoi*, qui désignaient les lois civiles. Ainsi, dès les débuts de l'Église, les canons désignaient les normes émanant de l'autorité compétente de l'Église pour réglementer la vie de la communauté

---

[180] Cf. E. SIGNORILE, *Diritto Canonico. Introduzione,* éd. Pimme, Casale Monferrato 1991, p. 14-1.

[181] Un Concile est une assemblée des évêques catholiques, convoquée pour statuer sur des questions concernant la vie de l'Église. Celui de Nicée fut le premier Concile œcuménique convoqué par l'Empereur Constantin le Grand, célébré de 19 juin au 25 août 325. C'est à ce concile que fut condamné l'arianisme. Cf. H. DENZINGER, *Symboles et définitions de la Foi catholique,* éd. Cerf, Paris 1997, p. 39.

ecclésiale et de chaque fidèle du Christ, et c'est aujourd'hui le terme indiquant les articles du Code de droit canonique[182].

En définitive, le droit canonique ou le droit ecclésial est l'ensemble des lois et des normes positives données par l'autorité légitime pour guider la vie de la communauté des fidèles du Christ, tendant ainsi à assurer le bon ordre de leur communauté en orientant toutes leurs activités vers l'instauration d'une société ecclésiale harmonieuse et la conquête du bonheur éternel. Aussi la spécificité de ce droit dérive-t-elle de la réalité propre de l'Église qui est plus qu'une quelconque société : « elle est une communauté de fidèles qui tendent vers une fin dépassant les horizons d'ici-bas ». Ainsi, la nature propre et spécifique du droit ecclésial est dictée par la nature de l'Église. Et puisque généralement tout système juridique est inspiré par des principes philosophiques déterminés, le droit de l'Église se relie de façon particulière à la branche de la Théologie consacrée à l'Ecclésiologie. En effet, en dehors de la Parole de Dieu, c'est du discours théologique que le droit ecclésial s'inspire dans la formulation de ses principes. C'est pourquoi il est considéré comme une science sacrée, enracinée dans la Révélation[183]. Cette présence simultanée d'éléments du droit divin et du droit humain est la caractéristique fondamentale du droit ecclésial et en constitue la spécificité.

---

[182] Cf. AA.VV., *Corso istituzionale di Diritto Canonico,* éd. Ancora, Milano 2005, p. 33 ; voir aussi G. GHIRLANDA, *Introduzione al Diritto Ecclesiale,* éd. Piemme, Casale Monferrato 1993, p. 11 ; J.-B. DONORIO, *Le Pape et le gouvernement de l'Église,* éd. Fleurus-Tardy, Paris 1992, p. 46-47.

[183] Cf. J. VERNAY, *Le droit dans l'Église catholique. Le droit ecclésial au service de la pastorale,* éd. Desclée de Brouwer, Paris 1995, p. 15 ; voir aussi G. GHIRLANDA, *op. cit.,* p. 60.

5. 2 – Le droit musulman

Franco FREGOSI, dans une étude sur *Les sanctions dans la législation islamique classique,* affirme que :

> L'ordre juridique musulman n'est pas *stricto sensu* un ordre normatif religieux, au sens où cela impliquerait que l'ensemble des dispositions légales internes relèveraient systématiquement de prescriptions découlant de l'énoncé canonique de la religion, ou ayant pour finalité ultime la préservation exclusive de la religion[184].

Ainsi, le droit musulman n'est pas comme les autres droits, une branche autonome de la science, ce n'est qu'une facette de la religion de l'Islam[185]. Mais :

> Le droit musulman est par ses sources profondément original et les catégories occidentales – droit étatique, droit religieux – ne sauraient lui être purement et simplement appliquées. Malgré leurs divergences, les jurisconsultes ont une position unanime sur la théorie des sources. Celles-ci peuvent être divisées en deux grands ensembles : les sources originelles, le Coran et la *Sunna*, et les sources dérivées de caractère rationnel, l'*Ijtihâd* et l'*Ijmâ*[186].

Et pour le situer sur notre planète :

> Géographiquement, l'Islam s'étend du Maroc à l'ouest à l'Indonésie à l'est, du Kazakhstan au nord au Sénégal au sud. Historiquement, il remonte au VIIe siècle ap. J.-C., à l'avènement et à la mission du prophète Mahomet en

---

[184] F. FREGOSI, *« Les sanctions dans la législation islamique classique »,* in *Revue de droit canonique,* T. 56, Université de Strasbourg, p. 345.

[185] Cf. R. DAVID, *op. cit.,* p. 367.

[186] *Ibidem, op. cit.,* p. 369.

Arabie, à la création, sous sa direction, d'une communauté et d'un État musulman[187].

Cependant, on peut le comparer, *mutatis mutandis*, au droit ecclésial en tant que son fondement repose sur des sources théologiques, provenant du livre sacré de l'Islam, le Coran qui en est la source première. En effet, « cet ordre normatif, bien que non exclusivement religieux, comprend néanmoins un certain nombre de principes et de dispositions dont l'inspiration est nettement religieuse[188] » provenant du Saint Livre du Coran ou de la Sunna du Prophète considéré comme un texte d'inspiration divine. C'est dans cet ordre d'idées que l'on peut affirmer que « le droit musulman n'est pas, comme les autres droits précédemment étudiés, une branche autonome de la science. Il n'est qu'une des faces de la religion de l'Islam[189] ». Il prescrit ce qu'il faut croire et la voie à suivre. Dans cette dynamique, le terme *Charia* ou *Chari'a* (mot arabe signifiant la voie) désigne un ensemble de règles de conduite et signifie dans le contexte religieux *le chemin pour respecter la loi de Dieu.* En somme, ce terme désigne la loi islamique et est également utilisé pour dénommer le droit musulman. C'est dans cette ligne que l'on peut comprendre l'affirmation du juriste Jean-Paul PAYRE selon laquelle « le droit musulman est un système de devoirs comprenant des obligations rituelles, morales et légales, mises sur le même plan, toutes soumises à l'autorité du même impératif religieux[190] ». De là, nous pouvons dire

[187] B. LEWIS, *L'Islam en crise,* traduit de l'anglais par J. CARNAUD, Gallimard, Saint-Amand, 2003, p. 29-30.
[188] F. FREGOSI, *op. cit.,* p. 345.
[189] R. DAVID, *op. cit.,* p. 367.
[190] http://fr.wikipedia.org/wiki/Droit musulman ; consulté le 19 juillet 2010.

avec René DAVID, Camille JAUFFRET-SPINOSI et Marie GORE que :

> Cette *science* indique au musulman comment il doit, selon la religion, se comporter, sans que l'on distingue dans le principe les obligations qu'il a envers ses semblables (obligations civiles, aumône, etc.) des relations qu'il doit avoir avec Dieu (prière, jeûne, etc.). Néanmoins, les jurisconsultes musulmans distinguent nettement les droits de Dieu des droits des individus[191].

Comme nous venons de le voir, c'est un droit qui régit en principe les rapports entre musulmans. Dans cette dynamique, les théologiens et les juristes musulmans essayeront d'expliquer les principes divins auxquels chaque région du monde apportera ses éléments coutumiers ou culturels. En tout état de cause, plusieurs États dans le monde confessent dans leur législation leur attachement aux principes de l'Islam[192]. Même si la science du droit musulman reconnaît que le système juridique du droit musulman n'est lié à aucun autre système, il faut dire qu'à l'époque de sa formation, il a connu une certaine influence du droit talmudique, du droit canonique des Églises orientales, du droit perse sassanide et du droit romain de la tutelle et de la curatelle[193]. En dépit de la source religieuse commune à l'ensemble du droit musulman, il faut noter qu'il en existe plusieurs écoles, ce qui lui confère un profil hétérogène et une réalité juridique composite due à l'application disparate dans les différents pays[194]. En effet :

---

[191] R. DAVID, *Les grands systèmes de droit contemporain, op. cit.*, p. 365.

[192] Cf. R. DAVID, *op. cit.*, p. 378.

[193] Cf. F. P. BLANC, *Le droit musulman,* Dalloz 2e édition, Paris 2007, p. 104 ; voir aussi J. SCHACHT, *Introduction au droit musulman,* Maisonneuve et Larose, Paris, 1983.

[194] Cf. F. FREGOSI, *op. cit.*, p. 346-347.

Le droit des pays musulmans ne respecte que partiellement le strict droit musulman. Les droits nationaux s'attachent surtout aux préceptes du droit islamique en matière de droit des personnes et prennent des libertés plus importantes dans d'autres domaines. Ainsi, au Maroc, le Code du statut des personnes et des successions de 1957-1958 reste un Code musulman alors que le Code des obligations et des contrats, comme celui de commerce de 1913, est très nettement marqué par le droit occidental[195].

De toutes les façons, que la réglementation soit marquée par le droit occidental ou par l'influence du monde soviétique, la particularité de ce système relève du fait que :

> L'essentiel est l'originalité totale que le droit musulman présente, par sa nature même, au regard des autres systèmes de droit en général. Système fondé théoriquement sur le Coran, qui est pour les musulmans un Livre révélé, le droit musulman est totalement indépendant de tous les autres systèmes de droit qui n'ont pas la même source. Les ressemblances qu'il peut présenter sur tel ou tel point, dans ses solutions, avec d'autres systèmes, ne peuvent être attribuées, selon l'orthodoxie musulmane, qu'à de simples coïncidences[196].

---

195 BEAUDET, *op. cit.,* p. 97.
196 R. DAVID, *op. cit.*, p. 376.

CONCLUSION

Au terme de ce parcours, nous avons découvert à travers le développement des différents chapitres l'importance du droit romain dans l'édification des systèmes juridiques modernes. Les Romains ont posé les bases d'une activité juridique intense aboutissant aux systèmes juridiques adoptés par les États modernes. Cependant, le droit romain est un champ de recherches indubitables.

> Seulement, il s'en faut de beaucoup que nous soyons encore capables de tirer de cette mine ses richesses. Il y a quelque temps que les juristes ne font plus leurs classes, en pratique, dans le *Corpus Juris Civilis* ; que nous n'avons plus du *Digeste* et des *Institutes,* cette intime familiarité, dont bénéficiaient nos lointains ancêtres. Le droit romain ne nous parvient plus que médiocrement répercuté à travers le prisme des manuels en usage dans nos écoles[197].

Pourtant, le vocabulaire juridique moderne est tributaire du droit romain.

Ce droit a été enrichi par le droit canonique à cause de l'idéal de justice et de charité que vise l'Église d'une part, et d'autre part parce que l'Église était la seule puissance hiérarchisée et organisée qui soutenait la société à la chute de l'Empire romain. Ainsi, de l'expérience structurelle de ces deux droits savants, est née une activité intense aboutissant aux systèmes juridiques modernes.

---

[197] M. VILLEY, *op. cit.,* p. 117.

Sans doute tout, dans le droit romain, n'a-t-il pas survécu. Il y a des branches mortes dans cet arbre : l'esclavage, les stipulations, la mancipation, la tutelle des femmes. Ce fut une partie du grand rôle des romanistes de l'émonder, de retrancher ce qui était désormais inutile. Encore la majeure part de ce travail était-elle déjà accomplie sous Justinien. Mais l'essentiel du droit de Justinien, travaillé, simplifié et maintes fois enrichi par les modernes, est venu jusqu'à nous[198].

De toutes les façons :

Le droit romain fait partie du patrimoine culturel européen, au même titre que la littérature française, l'architecture italienne ou la musique allemande. Pendant des siècles, il a été considéré comme la raison écrite, comme le seul système juridique de qualité. Depuis deux millénaires, les juristes l'étudient, bon gré mal gré, génération après génération. La plupart des Universités continuent à en faire un objet de recherches scientifiques, car le génie de Rome est d'abord celui de son droit[199].

À travers les cinq continents, on rencontre son impact dans les divers systèmes juridiques à cause non seulement de l'influence de son vocabulaire, de sa structure et de ses institutions, mais aussi des diverses qualités d'autonomie, de souplesse, de richesse analytique et de simplicité qu'il offre à la science juridique en général.

Autonomie, souplesse, richesse analytique et simplicité sont les qualités qui expliquent que le droit romain ait survécu à la société qui l'a créé, pour devenir, plusieurs siècles après, le fondement de la plus importante famille des systèmes juridiques modernes, la famille des droits dits « romano-germaniques », que les Anglais appellent, le terme est significatif, « droit continental ». À ce titre, le droit romain

---

[198] M. VILLEY, *op. cit.,* p. 113.
[199] R. ROBAYE, *op. cit.,* p. 7.

mérite incontestablement une place de choix dans la formation universitaire des juristes[200].

On comprend alors pourquoi l'on attribue au phénomène juridique romain cette envergure mondiale.

En conséquence, qu'il soit permis de dire qu'il est impossible, dans les circonstances actuelles, de faire de sérieuses études de droit en ignorant l'édifice juridique romain, en l'occurrence les *Compilations* justiniennes. Et comme le disait déjà KOSCHAKER en 1947 dans son livre, *Europa und das römisches Recht,* nous rapporte Michel VILLEY :

> La science du droit romain était la porte indispensable à comprendre les traits spécifiques du droit occidental moderne ; elle est notre commun langage à nous juristes européens ; cette vérité ne devrait être méconnue ni dans nos universités d'Europe ni dans celles nouvelles du Tiers-Monde[201].

Vu la valeur et l'ampleur de l'héritage légué aux systèmes juridiques modernes, le droit romain s'inscrit absolument sur la liste des éléments qui constituent le patrimoine de l'humanité. Aussi, en l'étudiant, les nouvelles générations ne vont qu'appliquer cet adage africain qui dit avec sagesse que dans la vie il faut savoir tresser les nouvelles cordes à la suite des vieilles, autrement dit, c'est l'expérience des anciens qui doit servir de fondement de base pour les nouvelles générations.

---

200 *Ibidem, op. cit.,* p. 10.

201 M. VILLEY, *Le droit romain. Son actualité,* 10e éd. PUF, Paris, 2002, p. 119.

POSTFACE

La maxime *Ubi societas, ibi Ius,* plus qu'une rhétorique chère aux juristes francophones, traduit et résume l'idée selon laquelle toute forme de regroupement social, indépendamment de son époque ou de sa substance culturelle, est liée nécessairement à l'existence de normes qui en réglementent le bon fonctionnement, tout en garantissant un minimum de justice à chacun de ses membres. Ainsi, l'histoire du droit est et demeure incontestablement celle d'une société donnée. Cette « consubstantialité » marquant les rapports entre le droit et la société, incite à convenir avec le philosophe français Jean-Jacques Rousseau que « ce qui est bien et conforme à l'ordre est tel par la nature des choses et indépendamment des conventions humaines » (*Du contrat social*).

La compréhension des grands concepts juridiques contemporains se trouve soumise à la connaissance préalable de leur origine et évolution historiques. Le présent ouvrage du doyen Thomas Sixte YETOHOU, ancien doyen de la faculté de droit civil de l'université catholique de l'Afrique de l'Ouest – Unité universitaire d'Abidjan (UCAO-UUA), a la particularité de transporter le lecteur dans l'histoire de l'Empire romain afin de lui faire parcourir les grandes évolutions qu'ont subies les systèmes juridiques de l'époque. L'auteur présente et analyse avec dextérité l'héritage légué par le droit romain classique aux systèmes juridiques contemporains. S'il est vrai que les grands théoriciens (Hans Kelsen avec le *positivisme normativiste* ou Léon Duguit avec le *positivisme factualiste*) ont révolutionné la pensée juridique actuelle, il faut tout de même admettre que les fondements primitifs de l'édifice juridique auquel ils se référaient ont été posés depuis l'antiquité grecque et romaine. L'auteur du présent ouvrage affirme, à juste titre, que « si en droit public, les Grecs étaient les plus remarquables, en droit privé par contre, la supériorité revenait aux Romains. Dans ces deux branches fondamentales du droit, l'apport des civilisations grecque et romaine a été remarquable et continue de servir de cadre pour les systèmes juridiques contemporains ».

Pour ne s'en tenir qu'au cas du système romano-germanique contemporain, on constate que le langage juridique trouve un enrichissement sémantique et étymologique considérable par l'emprunt de nombreux termes et adages latins au droit romain : *abusus* (le pouvoir de disposition), *usus* (le pouvoir d'user une chose), *fructus* (le pouvoir de jouir des fruits d'une chose), *negotium* (occupation ou affaire), *ius gentium* (droit des gens), *ius civile* (droit civil), *nemo censetur ignorare legem* (nul n'est censé ignorer la loi), *non bis in idem* (pas deux fois dans la même chose), *intuitu personae* (en considération de la personne)… Si l'attrait du droit administratif réside dans le dynamisme du juge administratif à dégager des principes encadrant l'action de l'Administration, c'est en grande partie à l'héritage de la technique du *« droit prétorien »* légué par la fonction d'un magistrat judiciaire romain : le *préteur*. De plus, l'obligation actuelle pour le juge de statuer avec *équité* et *justice* trouve sa source d'inspiration dans la pensée de grands juristes romains tels que Celse pour qui *« ius est ars boni et aequi »* (le droit est l'art du bon et du juste) et Ulpien définissant la justice comme *« constans et perpaetua voluntas ius suum cuique tribuendi »* (volonté constante et perpétuelle de rendre à chacun son droit). Aussi la technique romaine de la codification a-t-elle été décisive en Afrique, à la suite des indépendances, dans la cohabitation du droit importé et du droit local (les coutumes).

L'objectif de l'auteur n'est pas de donner une lecture ou une analyse du droit romain. Le présent ouvrage doit donc seulement être reçu comme un instrument de travail mis au service des étudiants, des enseignants et de tous ceux qui s'intéressent à la science juridique, afin de leur offrir une clé d'accès à l'exploration et à la compréhension des fondements historiques des systèmes juridiques contemporains. Ce qui est le propre de tout ouvrage réussi.

Dodzi Komla KOKOROKO, professeur titulaire de droit public et de science politique, président de l'université de Lomé (Togo)

INDICATIONS BIBLIOGRAPHIQUES

AA. VV., *Istituzioni di Diritto romano,* Simone, Napoli, 1990.

AA. VV., *Storia del Diritto romano,* Simone, Napoli, 1990.

AA. VV., *Corso di diritto istituzionale,* ed. Ancora, Milano, 2005.

ARANGIO-RUIZ, V., *Storia del Diritto romano,* Jovene 14e ed., Napoli, 1994.

AUBERT, J.-L., *Introduction au droit et thèmes fondamentaux du droit civil,* Arcollin, Paris, 1992.

BART, J., *Histoire du droit,* Dalloz 2e éd., Paris, 2002.

BASDEVANT-GAUDEMET, B. et GAUDEMET, J., *Introduction historique au droit, XIIIe-XXe siècles,* Paris, 2000.

BEAUD, V. O., « La notion d'État », *Archives Phil. dr.*, vol. 35 (1990).

BEAUDET, C., *Introduction générale et historique à l'étude du droit,* Paradigme-CPU, Orléans, 2002.

BÉRANGER, D., *Le droit constitutionnel,* 6e éd., PUF, Paris, 2013.

BERGEL, J.– L., *Théorie générale du droit,* 5e éd. Dalloz, Paris, 2012.

CARBASSE, J.– M., *Introduction historique au droit,* PUF, Paris, 1998.

CHAGNOLLAUD, D., *droit constitutionnel contemporain. Tome I : Théorie générale. Les grands régimes étrangers,* éd. Dalloz, Paris, 2001.

COLOMBET, C., *La famille,* PUF, Paris, 1997.

CORNU, G., (sous la direction de), *Vocabulaire juridique,* PUF, Paris, 1987.

DAVID, E., *Principes de droit des conflits armés,* Bruylant, Bruxelles, 1994.

DAVID, R., *Les grands systèmes juridiques de droit contemporains,* 10e éd. Dalloz, Paris, 1992.

DAVID, R., JAUFFRET-SPINOSI, C., GORÉ, M., *Les grands systèmes juridiques de droit contemporains,* 12e éd. Dalloz, Paris, 2016.

DENQUIN, J. – M., *Introduction à la science politique,* 2e éd. Hachette, Paris, 2001.

DENZINGER, H., *Symboles et définitions de la Foi Catolique,* éd. Cerf, Paris, 1997.

D'ONORIO, J.-B., *Le Pape et le gouvernement de l'Église,* Fleurus-Tardy, Paris, 1992.

FONTETTE, F. de, *Les grandes dates du droit,* PUF, Paris, 1997.

FREGOSI, F., « Les sanctions dans la législation islamique classique », *Revue de droit canonique,* T. 56.

GAUDEMET, J., *Les sources du droit de l'Église en Occident : du IIe au VIIe siècle,* Cerf/CNRS, Paris, 1985.

–, *Les institutions de l'Antiquité,* Montchrestien, Paris, 1991.

–, *Les sources du droit canonique, VIIIe-XXe siècle,* Cerf, Paris, 1993.

–, *Les naissances du droit,* Paris 1999.

–, *droit privé romain,* Montchrestien, Paris, 2000.

GAUTHIER, A., *Le droit romain et son apport à l'édification du droit canonique,* Université Saint-Paul, Ottawa, 1996.

GHIRLANDA, G., *Introduzione al Diritto Ecclesiale,* Piemme, Casale Monferrato, 1993.

GUARINO, A., *Diritto privato romano,* 11e éd., Napoli, 1997.

HERVADA, J., *Introduction critique au droit naturel,* éd. Bière, Bordeaux, 1991.

JESTAZ, P., *Le droit,* Dalloz, Paris, 2002.

LEGEAIS, R., *Les grands systèmes de droit contemporains. Approche comparative,* 2e éd. Litec, Paris, 2009.

LEWIS, B., *L'Islam en crise*, traduit de l'anglais par Jacqueline CARNAUD, éd. Gallimard, Saint-Amand, 2003.

LOMBARDIA, P., *Lezioni di diritto canonico. Introduzione – Diritto Costituzionale generale,* Giuffrè Editore, Milano, 1984.

LOVISI, C., *Introduction historique au droit,* Dalloz, Paris, 2001.

MANGENOT, E., *« Canons des livres saints »,* in *Dictionnaire de Théologie catholique,* T. II, IIe partie, Paris, 1932.

M'BAYE, K., « Afrique noire », in *Encyclopædia Universalis, droit,* Corpus 1, 1996, pp. 521-527.

ORESTANO, R., *Introduzione allo studio del diritto romano,* Il Mulino, Bologna, 1987.

PETIT, E., *Pourquoi le droit canonique,* Parole et Silence, Perpignan, 2013.

PONTHOREAU, M. – C., *droit(s) constitutionnel(s) comparé(s),* Économica, coll. « Corpus droit public » Paris, 2010.

RAMBAUD, T., *Intoduction au droit comparé. Les grandes traditions juridiques dans le monde,* PUF, Paris, 2014.

RICCI, J. – C., *Introduction à l'étude du droit,* 2e éd. Hachette, Paris, 2002.

ROBAYE, R., *Le droit romain. Tome I : Sources du droit – Personne – Successions – Biens,* 2e éd. Bruylant, Louvain-la-Neuve/Bruxelles, 2001.

ROBAYE, R., *Le droit romain,* 5e éd. Academia-L'Harmattan, Louvain-la-Neuve, 2016.

SASTRE, R., *Parole d'un prophète,* Éditions Catoliques du Bénin, Cotonou, 2010.

SCHACHT, J., *Introduction au droit musulman,* Maisonneuve et Larose, Paris, 1983.

SCHIAVONE, A., (a cura di), *Storia del diritto romano e linee di diritto privato,* Giappichelli, Torino, 2000.

SCHULZ, F., *History of Roman Legal Science,* Clarendon Press, Oxford, 1946.

SIGNORILE, E., *Diritto canonico. Intoduzione,* Piemme, Casale Monferrato, 1991.

SOULA, L., *L'essentiel de l'introduction historique à l'étude du droit,* Gualino, Paris, 2000.

STEIN, P., *Roman law in European History,* Cambridge, 1999.

TERRE, F., *Introduction générale au droit,* Dalloz, Paris, 2000.

THIREAU, J.– L., *Introduction historique au droit,* Flammarion, Paris, 2001.

TOCQUEVILLE, A. de, *De la démocratie en Amérique,* I, I, II, in *Œuvres,* II, Gallimard, Bibliothèque de la Pléiade, Paris, 1835-40.

VERNAY, J., *Le droit dans l'Église catholique. Le droit ecclésial au service de la pastorale,* Desclé de Brouwer, Paris, 1995.

VILLEY, M., *Le droit romain.* Son *actualité,* PUF 10e éd., Paris, 2002.

ZOLLER, E., *Intoduction au droit public,* 2e éd. Dalloz, Paris, 2013.

CHRONOLOGIE SOMMAIRE[202]

Dates	Histoire romaine	Histoire du Droit
753 A. C.	Fondation de Rome par Romulus.	
753-510	Période monarchique.	
509	Tarquin le Superbe, le dernier roi est destitué. Fondation légendaire de la République.	
494	Premiers tribunaux de la Plèbe.	
451-450	Décemvirat législatif.	Loi des XII Tables.
449		Lois de Valère et Orace : *de plebiscitis*, les plébiscites sont équiparés aux lois des comices ; *de provocatione*, sur la garantie de la *provocatio ad*

[202] Nous avons établi cette chronologie sommaire à partir des travaux de A. SCHIAVONE (sous la direction de), *Storia del diritto romano e linee di diritto privato*, éd. Giappichelli, Torino 2005, et de René ROBAYE, *Le Droit romain, T. I : Sources du droit. Personnes, Successions, Biens,* Academia Bruylant, Louvain-la-Neuve/Bruxelles, 2001.

		populum ; de tribunicia potestate, sur l'inviolabilité personnelle des tribuns de la plèbe.
367		Institution du préteur urbain.
287		*Lex Hortensia de plebiscitis :* les plébiscites sont définitivement équiparés aux lois des comices.
286		*Lex Aquilia* sur le dommage causé à autrui.
264-241	Première guerre punique (contre Carthage).	
242		Institution du préteur pérégrin.
218-201	Deuxième guerre punique.	
149-146	Troisième guerre punique.	
140		*Lex Aebutia* sur la procédure formulaire : début du droit romain classique.

82-79	Dictature de Sylla.	Réformes constitutionnelles.
73-71	Révolte des esclaves menés par Spartacus.	
63	Consulat de Cicéron Conjuration de Catilina.	
58-50	Guerre des Gaules.	
49-44	Dictature de César.	
49-48	Guerre civile entre César et Pompée.	
44	Assassinat de César. Échec d'Antoine à Modène.	
43	Triumvirat d'Octave, Antoine et Lépide.	
36	Octave est investi de la *tribunicia potestas.*	
31	Guerre entre Octave et Antoine Victoire d'Octave Mort d'Antoine et de Cléopâtre.	
27	Le Sénat confirme les pouvoirs d'Octave et lui donne le titre d'Auguste : c'est le début de l'Empire.	
18		Loi d'Auguste sur le mariage.

17		Le procès formulaire est devenu presque obligatoire.
14 P.C.	Mort d'Auguste.	
14-37	Règne de Tibère (Tibère Claude Néron).	Le juriste Masurius Sabinus dirige l'École des sabiniens.
37-41	Règne de Caligula (Gaius Jules César).	Activité de Proculus, chef de file de l'École des proculiens.
41-54	Règne de Claude (Tibère Claude Néron Germanicus).	
54-68	Règne de Néron (Tibère Claude Néron).	
69	Règnes de Galba, Othon et Vitellius.	
69-79	Règne de Vespasien (Titus Flavius Vespasien).	
79-81	Règne de Titus (Titus Flavius Vespasien).	
81-96	Règne de Domitien (Titus Flavius Domitien).	
96-98		

	Règne de Nerva (Marcus Gocceius Nerva).	
98-117	Règne de Trajan (Marcus Ulpius Trajan).	
117-138	Règne d'Hadrien (Publius Elius Hadrien).	Création du Conseil du prince, comprenant des juristes. Sénatus-consulte Tertulien sur les droits successoraux de la mère. Codification de l'édit du préteur par Salvius Julien.
132-135	Répression de la révolte de Judée et dispersion des Juifs.	
138-161	Règne d'Antonin le Pieux (Titus Elius Hadrien Antonin).	
150		Rédaction des *Institutes* de Gaius.
161-180	Règne de Marc-Aurèle (Marc-Aurèle Antonin).	
177		Sénatus-consulte Orfitien sur les droits successoraux des enfants vis-à-vis de leur mère.
180-192		

	Règne de Commode (Lucius Aurelius Vera Antonin).	
192-193	Règne de Pertinace (Publius Elvius Pertinace).	
193	Règne de Règne de Didius Julien (Marcus Didius Sévère Julien).	
193-211	Règne de Septime-Sévère (Lucius Septime-Sévère Pertinace).	Publication des œuvres des grands juristes classiques : Papinien, Paul et Ulpien.
211-217	Règne de Caracalla	
212		Édit de Caracalla accordant la citoyenneté romaine à tous les habitants de l'Empire.
217-218	Règne de Macrinus (Marc Opellius Macrinu).	
218-222	Règne d'Elagabal (Marc-Aurèle Antonin [Varius Avitus Bassianus]).	
222-235		

	Règne d'Alexandre-Sévère (Marc-Aurèle Sévère Alexandre)	
223 (228 ?)		Assassinat du juriste Ulpien.
235-284	Anarchie militaire : succession de coups d'État et invasions barbares.	
250	Première persécution générale contre les chrétiens.	
271	L'empereur Aurélien (270-275) commence la construction des murs de protection de Rome	
284-305	Règne de Dioclétien (Gaius Aurelien Valère Dioclétien). Réformes politiques et militaires. Début du Bas-Empire	
292-293 (?)		Code grégorien
293-294 (?)		Code ermogénien
293-305	Première tétrarchie : Dioclétien et Maximin, Augustes ; Constance et Galère Maximin, Césares.	

303	Édit de Nicomède ; début de la grande persécution contre les chrétiens.	
305	Abdication de Dioclétien. .	Fin du droit romain classique.
305-306	Deuxième tétrarchie : Constance I et Galère Maximin, Augustes ; Sévère et Maximin Daia, Césares.	
306-337	Règne de Constantin I (le Grand).	
313		Édit de tolérance (Édit de Milan) autorisant la religion chrétienne. Constantin et Licinius proclament l'égalité en droit de toutes les religions.
330	Transfert de la capitale à Byzance, qui devient Constantinople.	
379-395	Règne de Théodose Ier (Flavius Théodose : le Grand).	
380		Édit de Thessalonique : Théodose le Grand impose la religion catholique comme unique religion « d'État ».

381		Interdiction des cultes païens (concile de Constantinople).
394		Le christianisme est déclaré seule religion officielle.
395	Mort de Théodose le Grand. Division définitive de l'Empire : la partie occidentale a pour Empereur Onorius (395-423), et la partie orientale l'empereur Arcadius (395-408). On note des mouvements migratoires de populations germaniques et la création de royaumes barbares en Occident.	
410	Prise de Rome par les Wisigoths.	
438		Codification de la législation par Théodose II (408-450) : Code Théodosien.
439		Entrée en vigueur du Code Thédosien.

450	Invasion des Huns, dirigés par Attila.	
476	Le dernier empereur d'Occident, Romulus Augustus (Romulus Augustus : 475-476), est déposé par le roi barbare Odoacre.	
527-565	Règne de Justinien I, empereur d'Orient.	
528-534		Rédaction d'une synthèse du droit romain classique : le *Corpus Iuris Civilis*.
554		Le *Corpus Iuris* de Justinien entre en vigueur en Italie.
565	Mort de Justinien.	
800	Charlemagne est couronné avec le titre d'*Empereur des Romains :* naît alors l'Empire sacré Romain d'Occident.	
886-911	Règne de l'empereur byzantin Léon le Philosophe.	
Fin XIe s.		Renaissance de l'étude du droit romain à l'université de

		Bologne grâce à Irnérius et ses étudiants.
1453	Conquête de Constantinople par les Ottomans : fin de l'Empire romain d'Orient.	
1689		Jean Domat (1625-1696) publie *Les lois civiles dans leur ordre naturel.*
1752		Robert Joseph Pothier (1669-1772) publie les *Pandectae in novum ordinem digestae.*
1804		Entrée en vigueur du Code de Napoléon.
1840-1847		Friedrich Carl von Savigny (1779-1861) publie le *Système du droit romain actuel.*
1900		Entrée en vigueur du Code civil allemand (*Bürgerliches Gestzbuch*).

N. B. Dans l'élaboration de ce tableau, nous avons retenu les dates et événements qui nous semblent nécessaires à la compréhension de notre étude.

TABLE DES MATIÈRES

Structures éditoriales du groupe L'Harmattan

L'Harmattan Italie
Via degli Artisti, 15
10124 Torino
harmattan.italia@gmail.com

L'Harmattan Hongrie
Kossuth l. u. 14-16.
1053 Budapest
harmattan@harmattan.hu

L'Harmattan Sénégal
10 VDN en face Mermoz
BP 45034 Dakar-Fann
senharmattan@gmail.com

L'Harmattan Cameroun
TSINGA/FECAFOOT
BP 11486 Yaoundé
inkoukam@gmail.com

L'Harmattan Burkina Faso
Achille Somé – tengnule@hotmail.fr

L'Harmattan Guinée
Almamya, rue KA 028 OKB Agency
BP 3470 Conakry
harmattanguinee@yahoo.fr

L'Harmattan RDC
185, avenue Nyangwe
Commune de Lingwala – Kinshasa
matangilamusadila@yahoo.fr

L'Harmattan Congo
67, boulevard Denis-Sassou-N'Guesso
BP 2874 Brazzaville
harmattan.congo@yahoo.fr

L'Harmattan Mali
ACI 2000 - Immeuble Mgr Jean Marie Cisse
Bureau 10
BP 145 Bamako-Mali
mali@harmattan.fr

L'Harmattan Togo
Djidjole – Lomé
Maison Amela
face EPP BATOME
ddamela@aol.com

L'Harmattan Côte d'Ivoire
Résidence Karl – Cité des Arts
Abidjan-Cocody
03 BP 1588 Abidjan
espace_harmattan.ci@hotmail.fr

Nos librairies en France

Librairie internationale
16, rue des Écoles
75005 Paris
librairie.internationale@harmattan.fr
01 40 46 79 11
www.librairieharmattan.com

Librairie des savoirs
21, rue des Écoles
75005 Paris
librairie.sh@harmattan.fr
01 46 34 13 71
www.librairieharmattansh.com

Librairie Le Lucernaire
53, rue Notre-Dame-des-Champs
75006 Paris
librairie@lucernaire.fr
01 42 22 67 13

www.ingramcontent.com/pod-product-compliance
Lightning Source LLC
LaVergne TN
LVHW021216061026
849535LV00008B/2759
* 9 7 8 2 3 4 3 2 4 5 2 6 3 *